双柏县的美学

雷平阳 主编

副主编：苏轼冰

编辑：双柏县文联

长江出版传媒　长江文艺出版社

目　录

第一辑　名家写双柏

第二辑　双柏查姆杯·现代诗获奖作品展

第三辑　双柏查姆杯·旧体诗获奖作品展

第四辑　第五届查姆诗会作品展

第一辑　名家写双柏

双柏县的美学

雷平阳

1

云南松抚摸蓝色天穹

远山静候落日

新建民居的阴影里，土掌房

陷入僵局，向夕照和桃花

索赔数额少于零的光亮和颜色

青草还沿用着

去年枯黄的身躯

正如我，死抱着少年时代的

妄想。它们压住不安的尘土

我在黄昏，提前点亮夜行的星宿

早就是哀牢山上的常客了

春风知道我，内心的枯树

有多少棵，赠我的花瓣

装满了安龙堡乡

所有的鸟巢和沟壑

我无以为报，肃立在青香树村

圆形的山顶上

一鞠躬，感谢弹四弦的老者

弹断了人间滚滚浊流

再鞠躬，感谢用美酒招魂的隐士
为失眠者铺平了安睡的床榻
三鞠躬，感谢跳鼓舞的女神仙
把我高昂的头颅踩低至地面
此时，绿汁江在望
余晖中的木棉花光华灼灼
状若四周，一座座青峰的新娘

2

这里是哀牢山：草木长得理直气壮
花朵开得形神兼备。一只鸟儿
可以视天空为己有
一个毕摩，自由往来于三界
即便是一个中药材商人
也有爱尼山供他眺望
还会有绿汁江为他清洗衣冠
在这儿，爱尼山的树就是树本身
不替人们诠释栋梁
大麦地的花朵只是花
不替人们表达对少女的赞美
白竹山顶的白云，它们
已经有太多的自由
不替人们在天空建构乌托邦
在深夜的查姆湖边独坐，我看见
月光落在水面，水面的光
出自水底，月光源于天空
它们都照耀着我，但我
不敢承认：这是两个哀牢女神

同时爱上了一具臭皮囊

3

在李方村，少年人口中
老虎还在山坡上
但已经长出了彝人的样子
中年人一边劳作一边说老虎
老虎早已来到土掌房的
房顶，每一只老虎的肺腑中
都有了彝人的心脏
老年人面对着群山出神，老虎
总是出现在《查姆》
这样的史诗里，肃穆、威严
神火堆一样的身体两边
已经拥有了彝人的魂魄
一座村庄，回答不了人世
众多的疑问，一场老虎的舞蹈
同样无法揭示生命的来往
是的，丛林的课堂上，老虎
正在给人们上课：耕种
收获、恋爱、繁殖……
躲藏在老虎的血肉之中的彝人
以老虎的思想和力量
巨悲或狂喜，应对着生活的
剧情。因此，我们看见了
一群真实的老虎，它们用火焰
清洗荒野，把种子埋进石头
我们还看见了老虎迷人的

笑容、温柔的利爪和用于亲吻的大嘴，在它们的目光后面
没有燃烧的怒火，而是悬挂着
一轮哀牢山的明月……
舞蹈终有落幕的时候，作为
诗人，我愿人们从老虎的形体中
走出来，但必须保留老虎
锋利的牙齿；我愿老虎
继续还魂于彝人，没有了老虎
彝人的心，就找不到存放的神祇

4

阳光下，抱着四弦琴弹奏
他是抱着虚构的凤凰
凤求凰兮，悬崖移步人群中
凤求凰兮，未知的云朵飘入水底
凤求凰兮，遗忘的人又像桃花现身……
那一刻，万物均已涅槃
唯有这八十岁的彝族老翁
他没有失重，哪儿也没有前往
被四根琴弦固定在自己的骨头上
并用一颗苍老的心脏
稳稳地压住
对，只有他还是他的
我们也是他的
我们像一群山谷里的金钱豹
跟着他，向着燃烧的天空攀登

5

春分之后，我正在做着一件
有趣的工作：邀请双柏县的天空
群山、草木和人群
到我的书房做客
唱祝酒歌的少女，已经被我
预定为来生的伴偶
大麦地镇那个中年毕摩
他手抄的史诗里，深埋着
另一个我。我爱上了少女与毕摩
也就爱上了少女的村庄
毕摩的天堂
多少人世间的繁华
已经改变不了我的世界观
书房虽然狭窄，只够天空放置
几颗星斗，只够群山收藏落日
只够几个人坐在一棵树下对饮
但我得到的已经太多，将把书房里
孤单的文字推荐给星斗
把烛光推荐给落日
把枯萎的花推荐给树木
我会和这几个双柏人谈论孩子们
裸身扮演的豹子，谈论
那些豹子有着幸存者的欢愉
和锣鼓的心。我与他们
平分干净的空气，平分烧红的
生铁，咒语和酒水

在书房里，埋首与乞灵
垂怜或仰慕，我的目光
都不会离开哀牢山
那一片虎豹起舞的乐土

雷平阳，诗人，1966 年秋生于云南昭通，现居昆明，供职于云南省文联，一级作家，云南师范大学硕士生导师。著有《云南黄昏的秩序》《我的云南血统》《雷平阳诗选》《云南记》《基诺山》《山水课》《乌蒙山记》《送流水》等，曾获十月文学奖、李杜诗歌奖、华语文学传媒大奖诗歌奖、《诗刊》年度奖、《人民文学》年度诗人奖、鲁迅文学奖等奖项。

双柏记

聂　权

一

哀牢，一个妖娆的古国
对，妖娆
出土刀具与其他器物
皆装饰华美
多作弯月状
雷平阳
如是说

哀牢腹地，查姆源头
抵达安龙堡的那夜
篮球场，我们围成一圈
拍手，踏足
跳起大娱乐

金黄弯月，随我们走
敲一敲
会发出清脆响声

二

佳人，宜居幽谷
李方村，山林深处
三五树马缨花
如瀑
花大如碗
深红浅粉

惊世骇俗的美
不可现于世人眼前

三

门，真不闭户
无房卡，无钥匙
老板娘有安静的笑脸
"这里，家家户户
都不上锁
从不丢东西的"

彝人宾馆
在斜坡上
风声呼呼撞来
临睡前，这些外乡人
反锁房门

吧嗒，一声声传递开来的轻响

像一声声狐疑
也像
莫名的羞愧

四

说起很多很多年前，远方深山
大蟒

猎蟒者将一种藤蔓
弯成圆圈
套于蟒颈
大蟒即任由摆布

生生相克之理
难以解答

大蟒性温驯，不伤人
情忠贞
有一雄处
必有一雌

席间酒杯迅速变冷

五

毕摩来自哪里？
有人说，是
人鬼神交通的世界

他可以轻易看透
你的所思所想

毕摩不这样想，他只想表述
但他说话含混不清
坐小凳上面对他的人们
也只能隐约听到
他没多上过学
无奈传承了老父衣钵
听到
世代敬奉的创世经书《查姆》
名称由来
查，人；姆，做
查姆，即做人

六

爱尼山的一面山坡
有会飞上树睡觉的鸡
有可将米饭染成五色的鲜草
两面针挂着果
刺五加绽多彩花

茯苓、重楼
三七、续断
想从哪里长出
就从哪里长出
包一些山地种药材吧
一亩 15 元，几年后

成富翁，爱尼山乡长说得认真

七

舌可舐舐滚烫铁犁
脚也可踩踏其上

祭天地经　一章
祭龙笙
老虎笙
孔武之舞献与
开辟天地
身化山川日月
护佑万民的虎神

一章留着
祭祖祭人
先祖在歧路凄凄惨惨
母亲抱婴孩且行且歇
这时天空现出指路经

毕摩们诵经声龙吟般响起时
有人泪流满面
指路经飘扬时
有人内心凄怆
却找到了方向

八

众皆迷醉

"从来没听过
这么迷人的乐声!"

安龙堡那夜,75 岁老人
拨动仅此地有的四弦,舞姿安定而轻灵
乐声入耳、入心、入神
继而洗耳、洗心、荡神

我们跟着那老人
且歌那旋律
且拍手踏足,那清癯老人
转身时轻灵,如小清风

后来,人越来越多
后来,没人发现
老人没入了那月亮
没人发现
我们在跟随一弯月亮跳舞

那群山中间的月亮,发出的
是完美的谜之音

聂权,1979 年生,山西朔州人。现为中国作协《诗刊》社编辑。曾获
"2010 中国·星星年度诗人奖"、2016 华文青年诗人奖。有作品被译为英、韩
文。著有诗集《下午茶》,另诗集《一小块阳光》入选中国作协重点扶持项目。

遇见双柏（组诗）

熊红久

遇见双柏

在双柏，只有绿色
被宠坏了　卸掉了矜持和章法
连县城的名字　也种上了
两株　茂盛的翠柏

站在哀牢山上
心肺开始变绿　在浑浊
和清澈之间　隔着
一次仰望

封面是蓝天
封底是绿树
火红的木棉花
负责照亮爱情和诗意
在双柏，在哀牢山
所有颜色都在歌唱

沉默是卑鄙的
但一惊叹　你的发音
又成为　整个画面里

最庸俗的注释

在李方村看老虎笙

在李方村，大锣笙传习广场
四棵高山栲，用五百年的树龄
和明朝的眼神，都无法抓紧
老虎的今生

锣鼓一响，那些披着虎衣的人
就钻进了神的启示里
这一群通灵的虎
种下人间烟火
和千年的图腾

居住在心里的
是虎的利齿，最终也无法
咬断　今生的退路

醉在安龙堡

这是一个值得醉的地方
酒杯盛满唐朝的夜晚
舞步追赶宋词的黎明

那些歌唱的彝族女子
我是爱的
那些毫无杂念的轻风
我是爱的
那些敞亮的虫鸣和拱起的山路

我也是爱的

在这个世界
能爱的东西都藏在了深处
我用沉醉把今夜的小镇
从梦里摘出来
用一行清泪供养

在安龙堡，我把自己
藏进一杯酒里
用所有的味觉
覆盖前生

大麦地的篝火

在一片麦地里点燃篝火
夜被烧出了一个洞
我们像麦穗一样手挽手
篝火模仿阳光　熟透了谁的内心

我确信，彝族先祖的智慧
一定是从火焰里获得的
那些自由飘散的火星
给黑夜装满了眼睛

在大麦地，只有绿汁江
是安静的，四季在水里
村庄在岸上
很随意地一道山梁
就弯出了人世的沧桑

爱尼山下

山用整个胸脯
和一束白牡丹，绊住了
我们的去路

必须面对一些植物
滇黄精或者滇重楼
这些大山的馈赠
攥紧了人类的命运

还有更多的植物
茯苓　续断　佛手
埋在地下是药材
长出地面是恩情

山把它们交给了人
人就成了山的一部分
因为爱你，才来人间

四弦王子

琴柄上躺着四条道路
一条通向中南海
一条弯成了常走的山路
一条留给儿子
一条连着掌纹

你是被四弦琴养大的

用八十岁的音符
弹奏十八岁的归宿

握久了　琴和手
长在了一起　你把自己
活成了一把琴

琴声不断
灵魂不散

阿噻调

那清亮的嗓音
有绿汁江的澄明

我怀疑，在她们的咽喉处
住着一群百灵

家乡被安放在了舌尖上
高低起伏的，是祖先的梦境

在双柏，一曲阿噻调
打劫了我的来生

熊红久，中国作家协会会员，新疆作家协会副主席、乌鲁木齐市文联主席、乌鲁木齐市作家协会主席。在《当代》《上海文学》《散文》《人民日报》等发表作品150余万字，出版诗歌、散文集《记忆的河流》《回望》《梦里的阳光》《辽阔之上》《天赐草原》《一纸岁月》等7部。

记忆双柏

王士强

1

与你相遇实属偶然
你在天边，我在红尘
我们隔了遥远的时间与距离

2

早春三月
我从冬天来到春天
你的葱翠与芬芳
润泽我的眼目
吹走我心中的阴霾

3

有的笑是从内心长出来的
有的笑是用力堆出来的
有的笑清澈见底
有的笑烟雾缭绕，皮笑肉不笑

在双柏，我见到了最好的笑容

4

四弦曲　阿噻调
我听到眼泪、鲜血、爱欲、悲欢
我听到宠辱不惊、平静如水
我听到世界静止，鸦雀无声，唯有心跳

在双柏，我听到了最动人的曲调

5

老虎笙　大锣笙　小豹子笙
我看到神在说话，心有灵犀
我看到万物歌唱，生生不息
我看到血液激荡，不屈的呐喊
我看到逝者——复活，神灵无处不在

在双柏，我看到了最惊心动魄的舞蹈

6

有的人开口就会歌唱
有的人生来就会跳舞
有的人与鬼神比邻
有的人与古今对话

在你面前，兄弟我粗糙得很

7

那歌声绿色　纯天然　无污染
那歌声一次次打击我
唤醒我　饶恕我　折磨我

听君歌一曲，如闻天上声

8

马缨花　隆重而绚丽

你藏在这大山，开给谁看
春风，飞鸟，草木，还是你自己？
我只知道，我并不重要

9

李方村　安龙堡　大麦地　爱尼山
对不起，双柏的山川大地
我无法一一走近你们，识见你们的美好
对不起，大山中的万千植物、生灵
我无法一一认出你们，叫出你们的名字

10

一棵高大的木棉站立在河岸
花开繁茂，落英缤纷

我们走，它不走
它不伤感，不孤独

11

"每天想你无数回，
想你想得掉眼泪。"
直接、准确地击中你
让你心碎一次，圆满一次
死一次，再活一次

12

绿汁江的水缓缓流淌，千年如斯
哀牢山静默无言，不悲不喜
一群羊路边吃草，嬉戏打闹
一个人躬身上山，消失在密林

13

将进酒，杯莫停
我愿长醒不复醉，我愿长醉不复醒

这土地，这人，值得一场宿醉

14

篝火已经燃烧起来
来来来，你我再干一杯

死生契阔，与子成说

拉起手来，我们跳这灼热的舞蹈
天地之间，我们是欢乐的主人
我们是时间的主人

15

"走是要走了，
舍是舍不得。"
双柏一日，记忆一生

我将离去，你仍然在这里
只是，我已不再是我
而你依然是你

王士强，山东临沂人，文学博士，主要从事中国当代诗歌研究，亦涉诗歌创作。现为天津社会科学院文学所副研究员、北京师范大学国际写作中心博士后、《诗探索》特约编辑。

双柏行吟

石 头

春风陪着眼泪。

万花奔向唐朝。

来地球走这一遭，在双柏，我又找到那些失散多年的兄弟。

李骨头。王书生。张孤独。赵清风。

端起一杯酒，便是千年的拥抱。

胸中奔流的江水，

也不过哽咽。

我曾在乌金山一座荒废的寺院，

听心跳。

那时，大雪覆盖，野兽留下脚趾，灰土积满殿堂。

我双膝一跪，低下脑袋。

也曾在妈妈的肚子里，听心跳。

咚咚咚咚，未生我时我是谁。

也曾在卦山，在鹅屋山，在五台山，在终南山，听心跳。

生我之后，谁是我。

拿酒来，我要在双柏醉倒。

一口灌下，扔掉皮囊。

一笑，他们就从心底笑到脸上。

一唱，他们就从心底唱到漫山遍野。

一喝，他们就从心里喝到心里。

一疼，我就疼到心尖。

忧伤也挡不住笑。

皱纹也挡不住。悬崖也挡不住。皇帝老儿也挡不住。

对着大山笑。

对着天空笑。

对着胸怀笑。

树不需要呼吸染污的空气。

水不需要接纳泼过来的脏水。

山站在群山之中。

花该怎样红就怎样红。

该多么黄就多么黄。

从查姆湖到绿汁江，从安龙堡到大麦地。

从马缨花到木棉花。

从一棵草到一棵草。

心有万古愁，干掉这杯酒。

是友朋终有一场大醉。不是爱到死，又何必说出那个字。

够了，云南。

够了，双柏。

你就是还没有躺下的唐朝。

你就是一个诗人，一头碰死在上面的，一个字。

石头，1967年生，山西壶关人，曾倡导"厚重、直接、倒退、呈现"的原生态诗歌写作理念，著有《瞧，这堆垃圾》《肉》《无所诗》《带着光头去深山》等诗集，曾获《人民文学》年度诗歌奖等。

垛楮①

杜绿绿

1

追究三月的冷风，细问它是怎样

吹过哀牢山东的双柏县。

空中的垛楮树盛大荣耀，"开出日月花，结出星云果"②。

可我们，谨慎言之仅仅是我，史诗以外从未找到你。

诗行中为同行人的沉默选择观念

正不可避免伤害各种无法完成的诗句。

怀疑的风，

吹动不崇拜虎的我但不是左右。

芍药与高山栲啪嗒啪嗒敲打着风在老虎笙中，

镜头里的毕摩挥起长杆，追逐他脚下的阴影

我有些想放弃顽固的探索。

比如表演广场后面，这座禁止女人踏足的山，

我站在边缘眺望，上面除了有些深绿的野草

还有些浅黄、金黄、灰黄的野草。

为什么要凝视它呢？

你，世间的垛楮树并不在其中。而"风在山中"③。

---

① 垛楮，彝族传说中长在天空里的一棵树，出自《查姆》。

② "开出日月花，结出星云果"出自《查姆》。

③ "风在山中"语出双柏副县长宋轶鹏。

2

这棵根深叶茂、深入四方的树异常迷人，
每一段有关垛楮的描述，都像是先人
留给后世的谜语。那时没有天，没有地，
现在都有了。明晰的季节，强光在水面回放
独眼人、直眼人与横眼人的时代。
我是否正处在这第三代人的进化中，或者是
被抛弃的一个？乌云滚动着从远处覆盖过来，
我无能为力。我很冷，
山顶的这段路正经受阳光的切割。
褪去色彩的草地，往上是成片马缨花
往下的小路我独自去察看，
所有秘密快要揭穿，骤然下降的一个坡底。

3

他说迟两个月来，是最好了。
我看着那些未复活的花在他漆黑的脸后
不断向上生长，柔嫩的茎呈现透明状
在空中尽情旋转，像一群失业的舞女重新回到了
剧院帷幕后。她们拉开幕布偷窥观众是否坐下
数数卖不出去的座位，将彼此捆绑，
种在这片土地上；她们一曲未完不见了，
他拿出手机
给我看两个月后的这里。
最好的一片景致。这位年轻好看的书记，
请留步，你知道那棵，让所有鲜花失去色彩的垛楮

在哪里吗？

4

公塔伯①推动这一天又要过去了。
地下折射出无数的光
这棵想象中的树，傲立于此间
持久为我低语诸事的起源。我还是个孩子时，
一个民族流传的故事
或隐秘的暗语会像深埋的铁矿一样打开，
它们在口语的扩散下多么神奇，
像我们夜宿的安龙堡，黑夜里发出
呼啸的风声与哭泣声。白日我曾踩住倒下的圆木
攀上弃用的土掌房，我在屋顶被莫名其妙的力量
推得摇摇晃晃，垛楮便在空中看着
它时而竖起，时而横卧
似乎对我的好奇表示更大的好奇。
它很快浮向更高的空中，枝叶呼啦啦扇起大风，
它在风中越来越远时，当然令我生出崇拜之心。

5

那神圣的火苗是狂欢。
晚饭时我去找厕所，
离开青松铺地的桌边，要走过干冷的枯草地
不算远的一截路，有位彝族女孩为我照亮
她手心的火突然熄灭后，那边更黑的地方

① 彝族世代所崇拜的三个神虎名叫"塔伯"。

沉寂的树林，垛楮理所当然
来到我模糊的视野里。我的视力比白天时更弱了，
可是这垛楮却异常清晰，
每一片叶子上脉络的走向都在引我屏息静声。
"你看……"
我扯住等我的女孩，伸出手
一根根树枝在我的手心燃烧。她惊异于这件事，
远处的垛楮冷静地退后
它令这万物生万物长，我们活我们可能的死亡
竟从不使它动容。一种残忍的俯视。
那晚后来，我点燃了木柴堆起的篝火。

6

我没有宿在绿汁江边，我住在毕摩庇护的镇上。
我太累了，下午错过了去见他
没有人提醒我见毕摩的时候可以问什么，
我也不打算请教垛楮去了哪儿。旅程快要结束，
垛楮再也不曾出现。我看不见它了。
过去我也突然失去过很多东西．情感、能力、运气
实际上我可以失去的东西很有限，
我还是活着，那些远离我的一切像个迟到的预言
尴尬地补充事件的进展。我并不盼望它们回来，
我珍惜身上从不离开的这些，我的遗忘。

7

我在爱尼山脚发现三只黑色的虎，
它们正在饮水和跳跃；可能的观望

来自我对它们的探寻，这几只虎的爪子

落在溪流边簇拥的石头上；

雄健的身体陷入黄褐色的山景中。来这儿的路上，

高大杂生的草木打动了我，我按下车窗

让风席卷起山路上四散的黄土扑向我；

我的眼睛，有些酸痛

这几天我不断点眼药水，希望更准确地看清垛楮。

它像是久未发生的一个梦境，

我得到一把垛楮种打算播撒，

三只虚拟的黑虎轻轻咬开坚硬的种子

又埋进土里。它们是光，

是地上和山上的神，我的安慰。

杜绿绿，出生于安徽合肥，现居广州。参加诗刊社第 30 届青春诗会，曾获"珠江国际诗歌节青年诗人奖""十月诗歌奖""汉语双年十佳"等。诗集有《近似》《冒险岛》《她没遇见棕色的马》《我们来谈谈合适的火苗》《神明蜻蜓》等。

双柏行（组诗）

田冯太

查姆湖

每座城市都应该有一个湖泊。平静时
当镜子，照出心中的
牛鬼蛇神；起风了，就与之
肉搏，感受自己的苍老无力

查姆湖，它以史诗之名，将彝人
数千年的往事，隐藏在波心
只示人以
微微荡漾的皱纹

在李方村

把天地祖宗安置在图腾柱。今晚
我要占山为王，用土掌房
圈养老虎。白天，将它们
赶下农田
犁地，播种，插秧，收割……
夜里，让它们
看家护院

在李方村，没有什么
不能驯服。用一把神火，
温暖世间万物；用一本经书
镇守祖先的领地；用一面大锣
将妖魔鬼怪驱逐出境

白竹山的杜鹃

出身是一个致命的命题。就连
稀有的粉色大树杜鹃，长在白竹山
同样不为人所知。所幸
水泥路修到了山顶，她们
在我的镜头里定格。不像
我可怜的母亲，前半生在土地里
挖掘；后半生，在霓虹灯影中
寻觅；一辈子都没遇到
那个懂她的人

哀牢山的风

像一个怨妇，哀牢山的风
哭了大半夜。哭声
从我的耳畔轻轻划过，飘散在这个
名叫安龙堡的小集镇，日出时
戛然而止。有些心事
只属于黑夜

雷平阳说：除了三十来只鸡，白天

村子里见不到活物，土鸡蛋
散落在屋檐下、草丛中。我想
入夜后，哀牢山的风一定会
轻拂它们脆弱的外壳。有些抚慰
只发生在黑夜

死去的男人，乘着哀牢山的风
去往另一个世界；活着的女人
盼着哀牢山的风，带来
远方丈夫的消息

大麦地

一个人神共居的地方，听不见
风吹麦浪的缠绵。毕摩一念经
攀枝花就红了
葡萄藤就绿了
甜木瓜就黄了
豌豆荚就饱满了
……

万物生长，需要一个指令
把毕摩经还给毕摩
让绚烂的持续绚烂
像绿汁江一样，《查姆》的流传
从未间断。大麦地
那是写在经书和史诗中的
相同的日记

爱尼山中访牡丹

一定又是我的一厢情愿。在爱尼山
弯弯曲曲的土路上，快感
像不断攀升的海拔。身后
飞扬的尘土，将大山的秘密
肆意传播

那是神的后花园。白牡丹
藏在密林深处，伙同芍药
拒我于千里之外。花骨朵
是紧闭的心门，从不肯为我
绽放全部

坟墓在路的彼岸，五步之遥
孤零零的，没有墓碑。我知道
里面长眠的，是我未能如愿的
爱恋。爱尼山
今夜，我不想独自饮醉
我要做一回风流鬼

讨债

苏轼冰欠我一杯酒
李昀璐欠我一组诗
四弦王子欠我一曲长命百岁
李玉超、宋轶鹏各欠我一首山歌
李长平欠我一个盛唐梦

……

双柏文联欠我一群文朋诗友
碍嘉古镇欠我一次千年之约
查姆湖欠我一滴水
李方村欠我一把神火
安龙堡欠我一支阿噻调
大麦地欠我一段毕摩经
爱尼山欠我一坡牡丹和芍药
……

双柏，明年我一定回来
讨债

田冯太，男，土家族。1984 年出生于湖北省来凤县，现居云南昆明，供职于某文学期刊编辑部。云南省文艺评论家协会会员，云南省作家协会会员，中国少数民族作家学会会员。作品散见于《民族文学》《诗刊》《中国诗歌》《边疆文学》《文学界》《延河》《厦门文学》《滇池》《鹿鸣》等国内期刊。

溢出的时光

付秀莹

去昆明的时候，是农历二月。京城还是春寒料峭。想着春城草木早发，这个时节，该是春深似海了吧。不想却是错了。春衫轻薄地去了，见人家大多是冬装。朋友说，去双柏就好了。入哀牢山。

哀牢山，这名字，我好像是听过的。无端地，觉得有一种神秘渺远的意思在里面。据说，哀牢山是少数民族语言的音译，一说是酒鬼云集的地方；一说是，热血激荡的地方。哀牢山隐藏在云南中部腹地深处，有那么一种遗世独立的孤高和清绝。古时候，据说有个哀牢古国。也不知道，此番我们这一行，是不是能够窥见那遥远古老的国度里的闲云或者炊烟，是不是能寻找到，那个曾经王国的流风余韵。

从昆明到双柏，汽车一路飞驰。窗外的景物不断变幻着。山峦叠翠，飞雾流岚，淡青色的烟霭笼着满山的春色，一不小心就溢出来了。对于我这个大平原上长大的北方人，一切都是新鲜有味的。大团大团的浓郁的色块一掠而过，叫人都来不及惊艳。

到双柏的时候，是黄昏了。暮色轻笼着这个小城，静谧而安宁。查姆河静静地流淌，仿佛是怕惊了这小城的好梦。

次日一早，我们去白竹山腹地的一个村庄，叫做李方村的。朋友说，这个村庄一定要去的。跟你有缘呢。可不是么？我的小说写的就是一个叫做芳村的地方。在村庄里闲闲地走动，所见皆是彝族风物，竟觉得面目可亲。仿佛这古老的山村，真的与我虚构中的北方村庄有着神秘的关联。双柏有三笙，老虎笙，大锣笙，小豹子笙。彝族虎节属虎图腾的遗风，民间跳老虎笙祭祀先民。在双柏，"笙"的意思，不是笙歌，而是舞蹈。一群村民扮作老虎，跳老虎笙。山风很大，从四下里呼啸而来，浩浩荡荡，同这古朴原始的舞蹈应和着，有一种神奇的审美的震撼。上万年前的动作、神情、姿态，一代一代相传，消灾驱邪，迎祥纳吉，带着神秘的远古的气息，随浩荡的长风在时间里辗转。

几日里，一路上尽是春山与美酒，真是酒不醉人，人自醉了。在哀牢山，怎么能不喝酒呢？此时，酒是奔涌的语言。不必多话，痛饮就是了。更何况，那火辣辣的情歌，奔放不羁的也有，抵死缠绵的也有，直把你唱得一颗心都软了，碎了，再也收拾不起。那支《马缨花》，是专唱给女子的。据说，马缨花的意思，是最美丽的女人。还有那支《小心肝》，开端便是，一天想你无数回……一口一个小心肝，滚烫炽热，简直要把人给融化了。据说当地的风俗，唱一个小心肝，客人就要喝一杯酒。也不知道，是不是真的。

那夜喝了不少酒，宿在一个叫做安龙堡的乡上。是一家彝家客栈，店招在风中摇曳，颇有古风。夜晚的深山，寂静安详。夜风轻敲着窗子，发出飒飒的声响。好像是没有月亮。隔着窗子，依稀有星光。枕边是那部厚厚的查姆史诗，神秘的创世的文字，仿佛来自远古的一声声叹息。情歌热烈，美酒香浓，急管繁弦处，绿鬟红袖间，恍惚如哀牢国的繁华旧梦。群山在夜色中苍苍莽莽，怀抱千古心事，说也说不得。

醒来的时候，天还没有大亮。遥遥的有鸡鸣，有狗吠，同那山风呼应着，有一种恍若隔世的错觉。这该不是鸡犬相闻的世外桃源吧。

次日便在山里见识了马缨花。是那种极浓极艳的红，好像是马上就要红破了，一树一树，娇媚得无可比方。谁能料到，这大山深处，竟然还藏着这样的绝色呢。那些在世间招摇、蝶飞蜂闹的，到底不敌。可见世人终究是浅薄了。马缨花，是藏在深闺的好女子，轻易不肯流露半分春色与人。

爱尼山是药乡。茯苓，重楼，三七，天麻，当归……佛手花泡的茶，清香怡人，有淡淡的回甘。刚在园子里见了薄荷，饭桌上就尝到薄荷炖肉。刚在山上认识了重楼，就吃上了香喷喷的重楼煮鸡。肥硕的芭蕉叶子，好像是只合在细雨里入宋词的，不想竟还能入馔。还有硕大金黄的木瓜，汁水鲜美的甘蔗，叫不上名字的各色野菜，给尊贵客人享用的羊眼睛。这是一片怎样的土地啊。仿佛是，万物有灵。一草一木，一花一果，都与人有着神秘的灵犀相通。满山的草木，都是药。不为别的，只为抚慰人世间的疼痛。

在大麦地，我们还听了四弦。三弦是寻常的。四弦，却只有在这里才能听到。弹奏者是一位八十高龄的老艺人，那四弦被他拨弄得空灵清越，妙处不可言。老人还跳了四弦舞，边弹边跳，轻盈自如。实在是好极了。

大麦地四面环山，有一点盆地的意思，湿润炎热，我的春衫倒是正相宜。那一晚，我们在绿汁河畔喝酒，说话。不断有人来唱祝酒歌，穿着美丽的民族服饰，唱马缨花，唱小心肝，直把人唱得醺醺然欲要醉了。这边酒正浓歌正酣，那边的篝火已经燃烧起来了。人们跳着，笑着，把万丈红尘都随手抛却了，浑忘了是在人间。绿汁江汩汩流淌。草木茂盛。人间的情意茂盛。是不是因为，就要辞别了，才越发依恋着这春山美酒良宵盛情。篝火明亮，尘土飞扬，有人又在唱着那支歌了——

走是要走的，舍是舍不得——走是要走的，舍是舍不得——

回京几日了，耳边好像总是萦绕着这歌声。在喧嚣的京城，某个雾霾的早晨，或者月圆的夜晚，忽然会想起双柏，想起哀牢山。热血激荡的地方，那一段溢出的时光。

付秀莹，女，中国作家协会《长篇小说选刊》执行主编，北京语言大学研究生，河北无极人，现居北京。著有长篇小说《陌上》，小说集《爱情到处流传》《朱颜记》《花好月圆》《锦绣》《无衣令》等。曾获首届"茅台杯"小说选刊奖、第九届"十月文学奖"、第五届"中国作家"鄂尔多斯文学奖、第三届蒲松龄短篇小说奖、首届茅盾文学新人奖、第五届汉语文学女评委奖等，部分作品被译介到海外。

夜宿安龙堡

熊红久

一

仿佛藏得太浅，就会被偷走了似的，安龙堡乡被双柏县藏在了哀牢山的深处。先用两个小时的山路，颠簸出内心的困惑，再用九十九道弯，摇晃出视线的昏眩。车门用剧烈的声响，向我们预报，这可不是一个很随意就能抵达的地方。

终于到了。群山合围出几幢高低错落的楼房，一条几百米长的街道，折晃了两下，将十几家店面泊在了身子两侧。小乡的简约，让人顿生亲切，就像长期沉湎在油腻中的味觉，忽然被清新的素菜打劫，舌尖上还存留一丝久违的清苦。这是我想要的味道，一个躲在大山褶皱里的小乡，一位没有被霓虹迷失的害羞女子。"偏僻"此时在我的眼里，是可以和"拯救"一起，被供养起来的褒义词。

二

郎书记身材瘦小，似乎为配搭小乡的规模而有意为之，这让他高举的酒杯，显得很大。作为一乡父母官，他不放弃任何机会，向来此采风的各位作家，介绍小乡的彝族文化和民俗传承。野菜是山坡上长的，酒是山下的粮食自酿的，有这些无公害的食品作为后盾，郎书记的发音底气十足。

阿噻调！看看时间差不多了，他冲着窗外一挥手，进来六位彝族妇女，着清一色艳丽的彝族服饰，头戴粉红饰帽，端着酒杯，走到我们面前。在一位主唱的引领下，歌声飞扬。时而两三位重声，时而全部齐唱。嗓音清丽悠扬，韵律曲折欢畅，忽而直入云端，忽而缭绕花间。一圈下来，几十首歌，曲不相近，词不复叠。她们的嗓子里好像居住着一群百灵鸟，随便飞出来一只，都惊世骇俗。

同行的双柏县民宗局马局长，向我们解释，阿噻调是彝族特有的表现喜怒哀乐的歌唱方式，已申请国家非遗。这位率性的哈尼族汉子，讲到曼妙处，自己也忍不住端起酒杯，开口歌唱。因为感冒，他嗓子里的白灵，脱了一些毛，但他的表情是没有瑕疵的。

酒和歌，酿造出了我对他们的热爱。

三

从乡职工食堂出来，下坡行几十米，是一个灯光球场。已经有二十多位彝族妇女围着一个音箱舞蹈了。一样华丽的服饰，一样整齐的舞姿，一样苗条的身材，一样干净的笑容，像是从一棵树上采摘下来的营养均衡的水果。每个人身上，都蛰伏着一个舞蹈家的前生。郎书记说，这些都是村里下地的妇女，农活再忙，也不会耽误跳舞。仅安龙堡8000多人的小乡，就有57支这种规模的舞蹈队。

我们这群人很快混入队伍中间，照葫芦画瓢，亦步亦趋。看似简单的动作，却把每一步，都踩在了节奏之外。

稍事歇息，妇女们又跨上腰鼓，领舞的施翠丽手举着孔雀翎，往前一挥，开关启动。立马锣鼓喧天，舞步悦动。三角形，S形，8字形，双环形，几十个人，犹如一部运行完美的机器，齿轮紧咬，链条顺畅。

整个夜晚被搅动起来了，我看到了鼓声驱散夜幕的波纹；看到了欢乐覆盖劳累的云层；看到了清爽消弭阴郁的钟声；看到了幸福被渐次放大的瞳仁。在跳舞的时候，她们脱下了农民的装饰，成为了镁光灯下的舞神，她们把粗粝的水泥球场，当成了央视的舞台。她们用舞蹈打开自己，就像春天用花朵打开自己那般，不是需要，而是天性使然。

女子们在跳方阵舞的时候，我发现一个穿普通服装的妇女，加入其中，动作协调，节奏正点，只是身体稍胖了一些。我问郎书记，他摇摇头说，肯定不是这支队伍里的队员。

曲间休息，我走近那名妇女，她显得很羞涩，全然没有了刚才舞蹈时的畅达和自信。马局长用彝语再三追问，她才告诉我们，自己是据此六里多地左西姆村的彝族农民，叫施琼花，40岁了。每天都要步行近一个小时，来这里跳舞。她说，跳舞能让自己开心，生活也有了味道。

四

子夜时分，睡眠丢在了神经之外，只好站在宾馆五楼的阳台，俯视整个小乡。灯光躲进了虫鸣里，虫鸣又被微风抹去，整个世界都安静下来了。熟悉了光亮的眼睛，不知道该把船桨划向何处。小时候的静谧，用了几十年的时间，竟跑到了这里。我好像还能嗅出一些过去的味道，比如，贫穷时期的快乐，干净世界的幸福。比如，炊烟里的狗叫，阳光里的鸟鸣。比如，父母荷锄的背影，孩提追逐的欢颜。原来，它们都躲在了这么静的夜里，躲成了一个个即使我睁大眼睛，也看不清楚的叹息。

在哀牢山的深处，在安龙堡乡的夜色里，只有往事和我醒着。真希望这条山路再长些，路况再差些，这样抵达的难度会更大些，或许只有这样，这些村寨才能安静得更久些。

有些安静的内心，一旦走出大山，就回不来了。

双柏文化耀眼的两颗星

李悦春

方贵生：翻译《查姆》功在千秋

双柏县大麦地，是彝族创世史诗《查姆》的发源地。

阳春三月，"蓝蓝的天空，绿绿的大地，远远的天边，大地连着天，蓝天连大地。"《查姆》中描写的大麦地映入眼前。

我见到了毕摩方贵生。《查姆》的翻译整理者之一，国家级非物质文化遗产传承人。

没有穿法衣、拿法器的方贵生，蜕去了神圣庄严的毕摩威仪感，一件普通的黑色布衣，看上去就是一个朴实的农民。他今年67岁，岁月的痕迹清晰地刻在脸上，身板却很硬朗。他讲的汉语有时听不懂，他只好把古老的泛黄的原版《查姆》摊开来，指着上面的彝文讲述起来。

彝文是世界六大古文字之一。彝文是怎么发明的？《查姆》中有记载："这个蓝天下，这块大地上，没有文与字，不讲理和规。……图南善良人，快步健如飞……磕头祈金书，行礼求文字。天地六毕圣，看见那图南，如此的执著，喜笑颜开怀，取出六本书，放进图南手……书经和文字，不教他能认，不讲他能懂。"讲述了一个叫图南的人历经艰险寻找到彝文的故事。

《查姆》是用老彝文记载并广泛流传的一部史诗。方贵生说："查姆的意思是：查是做人，姆是做事。"《查姆》中载："世间的人们，有了道理书，天天学书文，夜夜学礼规。"

方贵生1950年出生于大麦地镇下莫且法村一个毕摩世家。从出生之日起，他就肩负着毕摩的重任。毕摩是彝语音译，"毕"为"念经"之意，"摩"意为

"有知识的长者"。"毕摩"指专门替人礼赞、祈祷、祭祀的人，学界大多称他们为祭司。彝族民众从古至今都认为毕摩是"智者"，是知识很丰富的人，他们识古彝文，掌握和通晓彝文典籍，通过念诵经文等形式和神、鬼沟通，充当人们与鬼神之间、祖先之间的矛盾调和者，并通过象征性极强的祭祀、巫术等行为方式处理人与鬼怪神灵的关系，以求得人丁安康、五谷丰登、六畜兴旺。因此，毕摩既是彝族民间宗教活动的主持者和组织者，又是彝族宗教和信仰的代表人物。毕摩有严格的传承惯制，它要与彝族社会的父系继承制度相适应，所以毕摩的传承奉行传男不传女的原则，必须限制在族体内部传承延续，使家支永远保持毕摩世家的殊荣和地位。

很小时，他就跟着父亲学习彝文。曾读过两三年书，也学了汉文。那时，生活困难，辛辛苦苦只能挣两三角钱，导致他不能读书，他只好回家种田。那个年代，因为"破四旧"，彝文也不能学，青春就这样在田间地头耗费掉。改革开放后，农村实行包产到户，他家的生活有所改善，他又有时间重学彝文。自学彝文非常难，凭着小时候的彝文基础，一点一点地钻研。1982 年，他有幸参加了楚雄彝文研究会举办的培训班，认真学了一个月，提高很大。回来后，父亲却因病去世了，这对他的打击非常大。父亲是他学习彝文的引路人，也是教他做人做事的榜样。失去了父亲，他感到内心空空荡荡，无法言语的痛苦埋在心中，对父亲的思念渐渐化作学习的动力。他明白，毕摩在彝族人民的心目中，是整个彝族社会中的知识分子，是彝族文化的维护者和传播者，他有责任把彝族文化传承下去。他开始着手翻译整理《查姆》。查姆意为万物的起源，彝族人民把叙述天地间一件事物的起源叫一个"查"，《查姆》原有 120 多"查"，分为上下两部。上部叫《吾查》，主要记述开天辟地、洪水泛滥、人类起源、万物源头等，下部叫《买查》，内容包括天文地理、占卜历筒、文学、诗歌等。

他翻译《查姆》时，那些旧的彝文书稿字迹模糊，纸张有些损坏，非常难译，他就咬着牙关重新抄彝文，用了一年时间，把现在留传下来的 10 多本《查姆》全部抄了下来，一边抄一边研究。他说："彝文有音标，5 个字一个组合，只要能认识两个字就可以认识全部，但关键的就是这两个字要弄懂，要下功夫才行。"彝文艰涩的文字令他劳心劳肺，诸如："说了能思考，想了能够做。""毕摩若贪玩，请神不灵验，祭事不精通。"这样翻译出来的汉文今天读来通俗易懂，但如照搬彝文直译文字，就不能表达彝文的深刻含义。因此，要有汉文的功底，又要精通彝文，才能译出朗朗上口的《查姆》。查姆有120多"查"，经过多年的努力，目前，已经整理了40"查"，其中包括天地的起源、独眼睛时代、直眼睛时代、横眼睛时代、民族的起源、生死的起源、纸火的起源、病种的起源、种子的起源、纸书的起源以及洪水泛滥的事情、安魂的事情、家训的事情、死人安埋的事情等，使濒临消亡的《查姆》得以流传下来。

从1958年到2015年，近60年的历史，集数代人的智慧，靠千万人的努力，2015年出版的《查姆译注》，是集彝文、国际音标、直译和意译于一体的，近10000行的中国彝族毕摩经典译注。这本浴火重生的彝族查姆，既是彝族文化建设的一大成果，又是继承和发扬双柏优秀传统民族文化的重要媒介，它将更加有力地推动着双柏经济社会的发展。

因为他的成就，他于2011年被评为省级非物质文化遗产传承人，2013年被评为国家级传承人。

如今，在他的村庄大麦地，他在自己家里开设了彝族文化传习所，讲授彝文并传承彝族文化。2016年县里举办彝文培训班，请他去讲彝文，培养彝族文化新生代传人。在他的传承下，他的弟弟方贵兴也学会了彝文，现在也是毕摩，县级"非遗"传承人。他带着两个徒弟：潘月学、袁伟峰，教他们学习彝文，也教他们做人的道理。在170多人的下莫且法村，有43户人家。他的家庭是一个和睦的大家庭，有三个儿女，大女儿嫁在村子里，二女儿嫁到湖南，三儿子现在在香格里拉一家公司上班，娶了个楚雄媳妇，他最大的孙子都已经20岁了。一家人过着平静祥和的幸福生活。

当大麦地的村民家中有喜事了，起房盖屋、生子婚嫁、迎宾纳福……他就穿上法衣，带上有牛角、鹰爪和竹签制作的法器，来到插青树枝的祭坛上，威严地为乡亲们做法事，嘴里吟诵着主曲调《查姆》，为大家祈福："世间大地上，有福又有禄，美景在天上，幸福在世间。"……

李富强：四弦琴弹到人民大会堂

在双柏，久闻一位"四弦王子"，因为四弦琴弹得好，曾经在人民大会堂的舞台表演，还见到过毛主席。在边远的小山村竟然有这样的奇人，吸引了我要一睹他风采的愿望。

汽车经过颠簸不平的山路，我们来到了安龙堡镇，我有幸见到了今年 84 岁的"四弦王子"李富强。

身着彝族服装的李富强精神矍铄，脸色红润。抱着他心爱的四弦琴，他指给我看贴满屋子的奖状、照片，"云南省民族民间高级舞蹈师"、省级非物质文化遗产传承人……这些头衔，记录了他曾经的辉煌。

安龙堡乡是四弦舞的发源地之一，四弦舞是彝族阿车支系舞种，以四弦伴奏而得名。"村头和村尾，村边和村旁，彝家儿女们，天天跳弦子。弦子钚钚响，弦声引男女，男女配成双，双双把弦舞。夜夜唱阿色，阿色声悠悠……"彝族创世史诗《查姆》中这样记载。

李富强 8 岁就跟着父亲学习弹四弦。父亲经常坐在火塘边，边弹边唱，四弦琴美妙的声音深深映在他的心里。在春风沉醉的夜晚，父亲与村中的乡亲们在村中的稻谷场上，父亲怀抱四弦琴边弹边舞，众人随之围成圈翩翩起舞，欢快的场面持续到深夜。原来，一把四弦琴，连着人们的喜怒哀乐，彝家人高兴时弹它，悲伤时弹它，痛苦时也弹它，它是一把忘忧琴。

李富强跟着父亲学了一年四弦琴，没想到，厄运突然降临，父亲因病离开了人世。李富强悲伤过度，在最痛苦的时候，他弹起了四弦琴，如泣如诉的旋律，仿佛是对父亲的思念，也是对自己心灵的慰藉。他在琴声中找到了知音，他开始钻研四弦琴，一有时间就弹琴，背诵曲谱，当他 18 岁时，他已经会弹《核桃树下的姑娘》《阿姐割谷子》《城里的阿妹》《阿哥赶马》《捉鱼放盆里》《彝家好玩呢》《桂花香十里》《心肝是阿表哥》等 130 多首曲子了。

在上世纪五六十年代，农村掀起修公路热潮，他带着四弦琴加入到昆罗公路建设团中。白天拼命干活，晚上就弹起四弦琴，悠扬的琴声从指尖流出，时而欢快，时而轻盈，为工地上的人们解除烦恼与疲劳，他成了团里最活跃的青年。

真正让他崭露头角的是 1957 年 1 月，北京要举办一场全国公路建设系统的文艺汇演。当时 24 岁的李富强参加了文艺汇演，凭借优异的成绩一举夺魁，他被推荐到北京参加汇演。在北京的日子，是他一生中最难忘的时光。他们的演出团队中，他是唯一的一个弹四弦琴的，他们的演出登上了人民大会堂的舞台，面对北京的观众，他的心情既激动又感慨：一个来自云南边疆的彝族，竟然在人民大会堂演出，恍如做梦，他用心地弹起了"山歌好唱口难开……彝家人民跟党走"。整整一个月零5天，他们除了在人民大会堂演出外，还到北京的各大院校演出，70多场，这个数字对他来说犹如天文数字，在欢天喜地的掌声中，他陶醉了……

那个让人喜出望外的日子突然降临，事先他并不知道。那天，他们在人民大会堂演出结束后，听说毛主席等国家领导人要接见他们，不一会，毛主席挥着手从舞台前走过，并向他们致意。他站在后排，毛主席的音容笑貌却牢牢地印在了脑海。他说："这一刻鼓舞了我一辈子，至今我回忆起来还历历在目。"

带着对毛主席的敬仰，他从北京回到了公路建设团，一头扎进了工作中。有一天，他收到了一封从北京寄来的信，一看，落款是文化部。他忙拆开看，有1枚新邮票和1个新信封，正纳闷北京怎会寄邮票给他，他再细细看邮票，吓了一跳，邮票上的图案竟然是他身穿着民族服装、头上包着白色包头、胸前抱着四弦琴，在人民大会堂前表演四弦琴的情景。这样高的荣誉，一时令他兴奋得无以言表，轻轻把邮票包好收藏起来。后来才得知，他弹四弦琴的形象已被国家邮政部制成面值为8分的邮票，那新信封的左下角印着的同样是他在人民大会堂表演四弦舞时的场景。这张邮票连续发行了3年。

昆罗公路建成后，他回到了家乡，当上了村党支部书记。当书记干了15年，为乡亲们排忧解难、操劳辛苦，工作就是再苦再累，他也不忘自己的四弦琴，只要有时间，他总会抱起四弦琴弹一曲。

四弦琴是"四弦调"，多数是传承的曲子，有表现彝族青年爱情的，有歌颂党、歌颂祖国，表现生产劳动，描绘异乡风情的。他自己也学习创作歌词，他写得满满的笔记本上，是他创作的歌词，有《彝家人民跟党走》《橄榄越吃越有味》等，浓缩了他对家乡对人民的爱。因他技艺的高超，他被称为"四弦王子"，1984年成为云南省舞蹈家协会会员。

多少年来，村中的乡亲每遇到婚丧嫁娶，红白喜事，他都带上四弦琴，用他炉火纯青的琴音为乡亲们分忧解愁。去年，在他84岁时由有关方面为他拍了一个光碟，记录下他的"四弦人生"。如今，他儿子李发荣和两个孙子也会弹四弦琴，儿子是县级"非遗"传承人。在他和儿子的传承下，村里也有二三十人会弹四弦琴，会跳四弦舞的就有几百人。

　　直到今天，那把雕龙刻凤的四弦琴仍是他的最爱，已伴随他走过了 60 多年的人生。当见到我们这么多人从遥远的地方，专程赶来听他弹琴时，他顿时忘记了自己是 80 岁的高龄，忘记了时光已匆匆走过大半生，仿佛又回到了从前。他高兴地站到院子里，指尖轻轻一弹，如水的旋律就流倾出来，时而如泉水叮咚，时而如鸟鸣蝉叫，村中的妇女合着他的琴声，围成圆圈跳起四弦舞，作为掌弦者的李富强在前面引导，妇女们紧随其后，曲调合着脚步，时而提脚、搓脚，扭身合掌；时而连续转身甩手，盘腿。动作含蓄、健美，节奏紧凑，富于变化。舞姿形象生动美观，节奏时快时慢，舞步随曲调变化而变化……欢乐的场景此起彼伏，耳旁回荡着四弦琴的曲调："远方的朋友来跳舞，平时不相会，今日来相见。"

　　李悦春，云南省作家协会会员。2006 年被《云南日报》评聘为高级记者（编辑），所写作品从 2003 年以来，每年都获得中国报纸副刊作品的各类奖项，其中，2004 年散文《水做的坝美女人》荣获"中国副刊"银奖，2010 年纪实作品《张正祥，一个人的滇池保卫战》荣获"中国副刊"银奖。2006 年纪实作品《难忘温总理的真情关怀》荣获云南省新闻奖一等奖。2007 年由云南人民出版社出版 20 多万字的著作《记者视界》，先后四次荣获《云南日报》社先进工作者称号。

第二辑　双柏查姆杯·现代诗获奖作品展

秘境双柏身藏无数山歌和火种

王爱民

1

如果虎豹回到山林
夜夜笙歌请十万个月亮回到胸口
如果草回到奇书救人，巫师唤来风雨
就是双柏了。我幸运
我穿过无数山水和森林
遇到了你，躲在白云后面的你
身藏无数山歌和火种，旧了又新

双柏，摩刍喊着你的乳名
喊出神奇的秘境
散发着乳香，有无法改变的信仰
花是翻飞的蝴蝶，爱上了蜜蜂
鸟叫绿了树叶
树叶吹我成了停下脚步的轻风
这不经修饰的爱
大山找到自己的峰顶
水找到自己的回声
手指握回到手掌

2

虎豹不能分家
虎豹的眼神里有刀子和篝火
火把逼退三尺黑夜
大锣一响，礼舍江回到古镇碛嘉
穿五彩衣的彝族人
把山歌唱到山顶，唱到天上
又从一把芦笙回到地面
山峰，也亮开陡峭的歌喉
星星是大山关不住的红杏

3

把一颗心取出来
就是粮食瓜果回到通红的火塘边
几千年也跳动不止，三弦上跳笙
天地与鬼神对话，男人与女人对歌
石头松开拳头，看见一个民族
泉水一样汩汩走来，把山坡踩弯
星星月亮是甩上天的金银首饰
独眼变直眼，直眼又横过来
道出时光深处的秘密

4

手心里的宝，查姆替大山绿着
不用索引就进入偏旁部首
像结尾回到开始，猎户回到星座

这史书长卷，亮起神谕的光芒
医药书里安放最早最奇的草
巫师在咒语里折断肋骨，看开生死
老虎笙、大锣笙、小豹子笙，旧人不老
把火把节、象鼻山节、跳虎节、开街节
跳成火，成酒，成彝绣上的堆针功法
火光照亮了脸，遇上前世的约定
虎豹遇到了丛林，我遇到了你

5

大山连绵，山外有十万青山
有不老的书卷，大柏树下坐着
读云海铺展，读出云深处的光芒
一会在左，一会在右
一会在前，一会在后
在天，是云
在山头，是母亲挥动的手

6

慢生活在此慢下来
山慢下来，水慢下来
小路忽隐忽现
慢下来的炊烟等等黄昏
牛和树枝收回角，羊捋着胡子
饭菜飘香，鸡犬之声相闻如听天籁
阿婆撇去锅里的浮躁和喧嚣
她眼里的满足，也慢下来

7

查姆湖，洗去心头尘埃
是祖传下来的一本经书
一块祖宗蓝
长亭送别短亭，送船进林影深处
在湖畔，竹子带发修行
我遇到绰约清丽的一株株玉兰
垂柳学姜太公
弯向湖面

8

白月光有明月千里
陨石降生在碍嘉古镇上
红石岩照亮石碑山
白竹山白竹满山，摆出仙人桌
串串火红的马缨花微颤

回锅鸡飘出母亲唤儿回家吃饭的声音
妥甸酱油刚用舌尖送走高山流水
谷花鱼就游进了稻田，花朵落在了怀里
穿堂风身怀母亲的药香
万亩葡萄上淌着绿汁江
白竹山茶打开了叶子上的三千里故乡

王爱民，辽宁人，1968 年生，有诗集《欣赏一种秋天的背影》，多次获全国各类比赛诗歌一等奖，作品见《中华文学选刊》《光明日报》等，现供职于营口晚报社。

虎魄帖

果玉忠

在小麦地冲，那些或纤细或狂野的草木
无人可以驯化，它们骨骼坚硬甘愿伏地
秋树上，岩石内；牛羊群，小山麓
白天黑夜走动的人；飞鸟，走兽——
无不暗藏它的魂灵。古籍证实
世界并非起源于光，而始于"雾露"
——"雾露里有天，雾露里有地"
从烟雾和露水中，我们得以认清
世界的虚与实。而后它走来，而后有：
山川草木河流湖泊太阳月亮星星……
在小麦地冲，我看见族群中的割麦人
弓着腰身，一张张拧紧弦绳的弩
犹如下山的兽王，贴着泥土匍匐而行
我一直担心，这些黝黑的族人
突然一声长啸，露出血液中的
版图，显现额头隐藏的斑纹。担心：
他们有一天会突然扑倒在地，御风而去
像一个遁入空门的王者，徒留易朽的雕像
哦，已经几个世纪了，你还是会听到
虎啸之声晃动月光，晃动哀牢山的骨节
草木震颤地动山摇，铓锣铜铃羊皮鼓
也被震得咚咚作响。大虫坐化

隐身，为万物交出体内的魂灵——
在小麦地冲，我回溯河流的源头
我想说出自己的血缘和愿望：
谋一张虎皮裹身，于尘埃中草了此生

果玉忠，彝族，"80后"，云南牟定人，现居昆明，作品见《诗刊》《边疆》《边疆文学》《滇池》等。曾获第七届"中国红高粱诗歌奖"提名。

故乡双柏（组诗）

苏　文

家乡的红豆树小河

家乡的红豆树小河
一条很清澈的河流
关于她的名字
我想肯定与爱情有关
她一年年走过我家乡的村庄
以自己的清纯汇入沙甸河
远嫁他乡

远嫁他乡的河流
便有了一个粗俗的名字
被称作大岔河
像过去我故乡的女子
出嫁后就被迫改了名字

以后故乡的河越走越远
还被小题大作称作江了
太和江、绿汁江、元江
最后还变了颜色
被冠以红河的称谓

红河，其实那是一条浑浊的河啊
想起家乡清澈的红豆树小河
我常常看着她流泪
我喜欢绿汁江这个称谓
她与家乡的红豆树小河
有天然的族谱关系
她的清澈、温柔、秀丽
都与家乡的小河一脉相承

我深深地爱着家乡的河
上游，我爱她清清的流水
下游，我爱她洁白的浪花
这是从家乡淌来的水
不管走多远
始终是家乡土生土长的秉性

多少次，我曾顺着河流远行
从河畔到江岸
常常看到两岸水草丰美、牛羊肥壮
放牧的姑娘可爱如河边的青草

在河边上一路行走
我羡慕河流与土地忠贞的爱情
羡慕她们沙滩做的柔软婚床
羡慕河流对土地的肆意施爱
羡慕她们欢爱后茁壮生长的庄稼
作为河流与土地的儿女
只有她们能证明
河流与土地是怎样昼夜相爱、彼此忠贞

我愿意久久地行走在家乡的河畔
甚至融入到姑娘们中间
白天与她们一起放牧
晚上与她们一起唱歌跳舞
等到夜深人静的时候
对着天空明晃晃的月亮写诗
我多么希望
家乡的红豆树小河
永远如姑娘的眼睛一样清澈

李方村的毕摩

大诗人于坚说
"彝族人戴的面具
就是一种召唤，将一种
不可见的力量
转移到自己身上"
我相信，诗人是真正读懂彝族了

那天，李方村的大毕摩
一戴上面具
就有一种神力附身
平时的他已不再是他
他也完全感觉到
自己也不是平时的自己
他要祀祷神灵
他要神谕众人

万能的神啊
感谢你保佑我彝山风调雨顺
五谷丰登，人健畜安
今天请你再接受我的祀祷

请降我彝山以亲和之力
让我们蚂蚁一样抱团
永远亲密无间
请降我彝山以宽广之怀
让我们像大山一样坦荡
能容鲜花、杂草和万木
也能容荆棘、野刺和毒药
请降我彝山以慷慨之胸
让我们像秋天一样丰硕芳香
也能放下生长了一个季节的果实
为别人，也为自己
放下黄金般的颜色
去孕育春天的新叶
请降我彝山以大地般富有
世间万物土中生，只要勤劳
永远生生不息，永不贫穷
请降我彝山以春燕般的品质
年年奔波在外
年年回归故乡
……

老毕摩神神叨叨的话
我一句也听不懂
但他的心愿

我却一看就完全懂了
不是我有神力附体
因为我看到了那些
卷心菜一样包围着他的乡亲
个个脸上荡着喜悦和祥光

唱阿噻调的女人

高高的大山
太阳带不远目光
月亮带不走梦想
山风吹不散希望
只有歌声，无拘无束
唱给山听
唱给箐听
唱给花鸟草虫、河流树木
唱给神与祖先

祖祖辈辈，大山的女人
背负重担爬坡上坎
用歌声给自己鼓劲
心中苦闷伤感
用歌声诉说悲情
遇到喜事心情愉快
用歌声表达喜悦
太阳出了又落，月亮圆了又缺
草木几经枯荣，人世多少沧桑
唱成了独特的曲调
唱活了不一样的人生阅历

春风唤醒了山茶

桃花嫁给了三月

大山里的马缨花

用少女的多情与羞涩

让所有的男人疯狂

十万大山中的彝寨

只有世代不绝的阿噻调

才能唱出女人的心事

祭祀

老毕摩说

世间万物都是上天所赐

他信天、信地、信神

唯独不信自己

所做的都是神的旨意

他口中念念有词

虽然谁也听不懂

却彼此心灵臣服

他在祈祷万物

然后告诉我们

凡事不可妄为

一切都要按照神的旨意

世间万事

既非有，亦非无

结局，总是在意料之外

故乡双柏

生长在故乡双柏的土地上
我爱玉米一样蓬勃生长的妹妹
爱林木一样茁壮的弟弟
爱大山一样伟岸的兄长
爱花朵一样养眼的新娘
爱果实一样诱人的少妇
爱土地一样沉默少言的父母
用全部的情感
用我祖祖辈辈积攒下来的全部家当
以及，我珍贵无比的生命

我知道这些都远远不够
但请相信
如果母亲一样洁净的查姆湖浑了
我的心一定会像被刺破那样疼痛
如果父亲一样厚重的大山秃了
我的愤怒绝不亚于自己的身心受到伤害
如果我的那些
终身为你劳作的乡亲
至今还因为穷而背景离乡
如果我的那些哥哥弟弟
还要为讨不了媳妇成为光棍
我的难受一定会胜过他们
甚至会愧疚于故乡
让我的心一生都不得安宁

我喜欢碏嘉鬼节的鬼

我喜欢碏嘉的鬼节
喜欢碏嘉鬼节的鬼
那些鬼不是吊死鬼
不是饿死鬼
而是英雄鬼、风流鬼
他们为战争而死
一个个血气方刚

每年鬼节的那几天
阴间放假
他们都会来到阳间
聚集在滇中鬼城碏嘉
阅人间春色，挑选绝色美女

那一年，我到碏嘉过鬼节
不远处清泉飞溅，水声如鸣
灯火辉煌的大街上
只闻人声
不见鬼影
歌舞狂欢如潮

后来，我把碏嘉的鬼装在心中
每年都要到碏嘉过鬼节
我喜欢碏嘉的鬼
喜欢他们做鬼还不灭七情六欲
在没有人烟的世界里

几千年保持人性的温暖

深冬的查姆湖之夜

这是寒冷的冬天
故乡的查姆湖
水面不会结冰
岸上的花草树木
像是全活在春天里
只是四周的游人衣服厚了一些
才让人感觉到
冬天真的已经来临

我常常走在湖边
看远处游动的水鸟
不动声色地游远
很多个夜晚
我都静静地坐在湖边
等天边的月亮走来
与湖上灯光融合
或看一颗星星飞过树梢
一颗星星与我对视
风，惊醒了树林睡梦中的小鸟
夜，静得能听见鸟儿扑打翅膀的声音
冬天的查姆湖之夜
就这样静悄悄地
挂在洒满月光的树梢上

故乡双柏的白云

在双柏的所有地方
总能看到，一片白云挂在树梢
那是故乡的白云
那云白啊
圣洁的哈达一般
胜过下雪时满地的雪花

在故乡以外的大城市
是看不到这样的白云的
这样白的云
仿佛是在梦中
又仿佛似曾相识

白云飘过山巅
飘过树梢
让天更蓝
树更绿
在我老家的院子里
我久久地坐着
看白云和绿树互相映衬
白的更白
绿的更绿
好像我的五脏六腑
也一下子清爽得像白云一样
舒心满怀

故乡的白云多好啊
跟梦中的白云一样好
只有在故乡双柏
才能看到这样白的云
它与梦中仙女手中的轻纱
是一模一样的
它让我心中从此可以自信
故乡的白云
还是我少年时代迷恋过的白云

大庄仙鹤节

河水流向远方
心里驻扎的仙鹤
此时正在复活
在季节的边缘翩翩起舞

天气愈来愈热了
吸饱了露珠的稻穗
全都懂得感恩
低下头向土地致敬

此时，放干了水的稻田里
那些被谷花喂肥的鱼
纷纷跳出来
香透了故乡的田野

在愈来愈热的季节里
没有仙鹤

节日照样上演
那些叫做谷花鱼的美食
此时成了乡情
供四面八方赶来过节的人
美滋滋地下酒

仙鹤节看不到鹤飞
只有青山映衬着白云
只有谷黄、鱼香
在尽情地展示天空与泥土的魅力

（注：苏文，系苏轼冰笔名，竞赛时因避嫌没注明）

苏文（苏轼冰），1963 年生，双柏县人，中国作协会员，作品见《人民文学》《人民日报》《小说选刊·增刊》《诗选刊》《扬子江诗刊》《星星》诗刊等报刊，多次获奖，出版文学作品集 9 部，现任双柏县文联主席。

每一朵花都春色无涯

苏友仁

一山一世界
中医铺的抽屉里
老黑山、夫妻树，白竹山、李芳村，哀牢山、平河场
车前子、熟地黄，安息香、红豆蔻，青风藤、炙黄芪
——入药
想给这里的每个村庄
附上说明书
让每个说起他的人
都知道药效和剂量

一水一人生
注定是这美丽的轮回
马龙河从容地从遥远的岁月里来
太和江优雅地到亘古的时光中去
想以工匠的名义
给这方水土着上色
安龙堡、大麦地、爱尼山、独田、碍嘉
就会呈赫红、绛紫、樱草、杏黄、群青诸色
千秋各具
天空盛放蔚蓝或潮湿
彝人就草木般茂盛

一家一港湾

从深山走出的孩子

总会对枇杷果、地板条、唐栗果、老鸦果、天干果

念念不忘

仍会在背阴山、苦荞地、板凳山、哑巴石上遗落了的

黄布袋里翻了又翻，找了又找

出门六十里

查姆湖就是母亲送我的海

母亲再三叮嘱我

南山往南独田笑山下就是我的家

如果我久不回去

她就会站在大青树岭岗

叫魂一样叫我

一忆一情怀

你说的没错

千年前我们就已遇见

没有高楼，没有深巷，没有庙宇

会有半城烟雨和苍茫群山

在袖珍小城里寻我

我有半亩池塘、一片树林、一群麻雀

有必要给绿斑鸠让一方高高的松枝

给一群搬运幸福的蚂蚁可以歇息的石头

有必要给咣咣三弦调一个不急不缓痒痒的调

给久酿的绿汁江水安放如火的木棉

有必要给青青的茅草一个放羊的彝家妹子

她就会把一汪清亮的山歌系满山坡

再给回家的游子树一缕柔和的炊烟

旗帜一样指引着回家的路

我的心里

虎乡就是我的王国

我是那个骄傲的王子

装着这里的每一幅山水辽阔

我的记忆长在土里，连着菌丝

只等一场雨，就能破土而出

我的疼痛住着十里月光，直通经络

须探过墙头的野蔷薇，叩问经年

你歌风来和

我船不渡我

双柏，每一朵花都春色无涯

苏友仁，哈尼族，"80后"，双柏县人，多偏重于散文及散文诗，现在双柏县碌嘉镇政府工作。

双柏记： 碍嘉古镇

厉运波

1

天高。一朵云的走向，带着翅膀
和更多鲜亮的喙——

我们能辨认的心跳，都托在草尖上。坐拥的群山，幻化一枕翠色密语
离灵魂最近的，是一粒草籽的安详
以神的替身存在着。在哀牢山的脊背上，人的痕迹
会被一声鸟鸣擦去

天空褪下的净，都抄写在了这里。万物生发
万物是一卷《查姆》
合声念诵古老的母语。河流舒展，山川在掌纹里浮现
一个人梦见的天籁，还原一袭大地锦衣

双柏家园，神谕之境——
一片端坐的山坡，酝酿无量的吹拂。天地波动如光
浸沐千年的碍嘉古镇，安于苍翠之芒

2

好像我们拎着一寸泥土
和葱茏的记忆。探寻，或者抵达
一方梦中的家园。晨光是熟稔的烟缕，正从古镇心头缓慢溢出

那么，让一副唇齿啃到天边——
大地丰盛，它繁殖的阳光、芳草、树冠、皮毛
它构想的晨雾，是幻觉的异域。羊群和我们，都需要一个臂弯
那么，天底下赶着一朵流云的
会是什么？

一只鹰，它拥有一个完美的视角。一个家园和生动的脉息
一曲山歌，以及嘹亮的高音区

林海漫卷。我们的行走，略显轻微
树的肺腑，荡漾原始的血气
一行小兽的气味，隐入草木繁华。双柏的意境里，适合筑巢
也适合动用一只蝴蝶的美学
交出轻俏的肉身

3

拨开一片草丛，露出虚掩的茶马古道。马蹄还是新鲜的
与一段历史声息合拍
一袭风尘醒过来。就像当年那样，驮着盐巴、茶叶、绸缎走过风雨桥
斜阳里的擦肩而过，我早有预感。拾起一串马蹄声
随一队马帮，蜿蜒入城

目光读进年代深处。在错落的民居里，对一段古城墙的丈量
需要承担更凝重的叩问
遗存的那部分，越来越接近历史的风骨。古镇寂静
一座风雨的西城门，欲言又止——

时间在这里，打磨成两袖耳语。我只能说，走在石级的人
影子又被生活抬高了一截
生锈的门环，与探出墙缝的青草
同样身世不凡。脚步挪动，突然放大了一条街市的明净

静养的彝乡。日子是盛在木桶里的清水
旧檐下，攒着一个苍老的坐姿。远处荡过来的草色，融合了阳光的情绪
他怀抱着一曲老虎笙的韵调，犹自沉醉
人生若有所思。终于有一阵马蹄，从我身边经过
像穿过了虚设的光阴

4

走过一片青草坡，就到了恐龙河。水是蕴含的母语
穿越一次，等于读懂了那些沉睡之光

河水是大地的喻体。能从我身体里吟出的，都是血液的宕荡
与喧响。一串银饰，淘洗出光泽
一群浣纱的彝族姑娘，腰身明媚，唇齿晴朗

那一道道瀑布，是另一种奇幻的美
那悬挂，扯下天空眩晕的蓝。每个仰望的人，都怀有一个纵身的夙愿
脚下是醉人的眼窝，悬空了魂魄

和一地细碎的清音

青山流水，练就一身轻盈之骨。我们被风托起又放下
灵魂有归属。一块石头的余念
在半山腰，开成一丛杜鹃花的模样

5

草坝上，风舒缓到紧贴着一双膝盖。青草的气息
饮我肺腑——
此刻，心跳是一次感应的振翅。我们的坐姿，连同骨头
一起被风荡进连绵的碧海

我还是摸到了，一把甜味的鼻息
野花开在指缝，十万双羽翅浮动胸口。身边，是一头牛咀嚼的草甸
眼前是辽阔的九天湿地，一只蜻蜓悬在半空
用意念打水

现在，我们都已是纯粹的人。呼吸
并潜修于水的质感
而几根水草，轻易拨动了凡心。捕光者在湖边，沦为尘世的倒影

远近都有神秘的浮力。有人对着湖水，换下一张脸
有人从湿地里，找到自己丢失的前世
每一个手心里，都有浮萍游弋。我能猜出的光影
是一眼深陷的碧空

6

我确信，那是种养在世间的流云。或者泥土的灵感

一双劳动的手，运笔行云流水

想一个人，从春耕仰望到秋实
想一种色彩，可以点染在泥土里孕育希望。锦绣大地，由一声牛哞
犁出幻美的光泽

我的腰身，就弯曲在那一片梯田里。由临摹到渲染
到一穗呼之欲出的金黄
季节的变奏，与泥土的发音不谋而合

线条的物语。一弯水稻，它的光亮
它的殷实和饱满，让一片山野光彩夺目。阡陌上的浮想联翩
让我沉醉双柏乡土的神韵

7

——风，搬不动那缕烟火
草木之光，根植一枕古滇国的遗梦。山水悠长
隐秘一个个古老的村寨

需要缓慢，与门楣上悬挂的日月相吻合。需要温故，细数
数出草木、牛羊、烟火、星辉、田亩
以及繁衍的氏族。数出檐瓦上生长的风雨，寨中男女
一根根青翠的肋骨

那些古老的传说和纹饰。一怀民风，是耳染目睹的神秘
需要入乡随俗，用一场跳笙的歌舞
牵出我们内心潜藏的原形

日落之前，我能找回身体的另一部分

诸神召唤。需要一个仪式，在七月十五的节日里

供奉一盏隔世的灯火

8

不用再思量了。凝神一刻，就是一脉山，一溪水，一亩田

一草一木的盛情

就是枕着《查姆》的光辉，找回的那一声初世的啼哭

就是顿悟和皈依——

神的土地。一道石门的隐喻，打开在一团云雾之上

一声鸟鸣过后，空出瓦蓝的天

更多的人，在迷醉中经历这一切。梦里云屏

一支山歌，荡

而不落——

天星化石，是被哀牢山梦见的那一幕天象。双柏秘境

现在，我枕听的天籁，是一阵稀疏的虫鸣

此刻，我只依附于大地，和大地上丛生的

那些纯净的信仰——

厉运波，1978 年生，山东莒县人，作品见《青年文学》等，作品入选多种
选本。

"查"字的繁体

钟志红

一

"一个抢锄头往东跑，
一个抢扁担往西跑，
三十六个好儿女，
各走一方分了家……"
千年白驹过隙，
百年弹指挥间。
洒向老熊山的阳光依然，
心系绿汁江的诗句不老。

马缨花漫山遍野，
箭竹林叠嶂吐翠。
从古夷人部族迁徙风云路，
到白竹山茶叶清香一脉情，
无论风雨洗礼、金戈铁马，
还是篝火衔接白与夜，
一汪纯净的清泉依然流淌不息，
一片广袤的土地仍然勃勃生机，
书写一百二十多个"查"的繁体
字字飞珠溅玉……

二

万物起源天地间，
棉麻绸缎纸笔书。
一本从无字到有字的彝文古籍，
坐标七千而非五千的中华文明。

涅侬撒萨歇的意境，
儒黄炸当地的立体，
幻想、哲理或优美，
《查姆》串联的岂止是天地？

哀牢山下炊烟谱曲，
小豹子笙世代传承。
将风雨日月手抄在乡土的深处，
把文化史诗錾刻在民族的源头。

大江东去，先民质朴如初，
有多少文人雅士挥墨诗情画意；
春秋轮回，创世华章不古，
有多少骁将勇士醉情琼浆玉液。

邂逅一本史书，
鲜活一生记忆。
品读民族古籍，
珍藏瑰宝绚丽。

三

《查姆》只是双柏的一枚胎记，
书法的地名不再是名词。
彝山是诗的国度，
注册双柏的灵动。

转转酒是男人的一行热泪，
朵洛荷是女人的一抹胭脂。
从历史深处溢来的字里行间，
收藏太多与思想情感的故事。

壮士沙场英姿，悲壮立体；
英雄虎步龙骧，柔情侠骨。
吼声铮铮回荡，气吞山河，
塑一股万年不泯之气节。

小女碎步跫音，欲语还羞；
爱妻裙绦荡漾，可人似水。
发簪撩人耳鬓，随风而舞，
谱一首山花烂漫之琴曲。

山水粼粼斑驳标签神话传奇，
《查姆》字字传音彰显人文风情。
唱不完一曲昨日情歌，
写不尽一行今朝诗句。

铁骨盖世的棱角如铂铮亮，

柔情意切的繁体七彩璀璨。
晶莹的一行行诗文颤音，
丰腴着一帧帧诗情画意……

"雾露里有地，
雾露里有天，
雾露变气育万物，
万物生长天地间……"

钟志红，四川乐山人，作品见《大公报》《路比华讯》等，获中宣部"读一本好书"奖等。

观老虎笙舞

祝江波

碰锣和羊皮扁鼓响起，
我张开双臂。

这并非博尔赫斯的黄金老虎，
也非斑白的孟加拉猛虎。

灰黑色的双耳和尾巴，
毡子上的赫赫王者，脸额上、手足上
遍布黑红紫白的斑纹。

与天地同寿的神秘之物，
君临天下的图腾，无所畏惧的至尊王者。

而我听到的山林之啸
却是无声的。那吟诵启示录的声音，
那威震四方的声音。

在我们逐渐喑哑无语之时，
我们渴望的神灵，最后化作了遍布
我们身体的血脉和筋骨。

它一咆哮，山林颤抖，
它一咆哮，日月星辰就陷身漆黑。

这尘世呀！它有多少个化身
在守护我们的睡眠，
又有多少个影子在我们不能洞察的地方

默默徘徊。它们彼此无视的
金黄色皮毛，
锋利的趾爪，深入寂静的空气和山林。

我却嗅到了熟悉的血腥和炽热。
昏昏欲睡的时代，不需要
老虎生威了吗？多么刚猛又矫健的身影，

做一只自由的老虎吧，
与天地同乐。温良又忍耐的老虎
在我们卑微的身体里

开门，出山，
招伴，捉食，搭桥，接亲，交尾，
耕地，耙田，播种，栽秧，收割……

它在天地间信步，
像思想者，承担俣俣们的来世与今生。

那熊熊燃烧的祭祀之火，
烧红了门上悬挂的葫芦瓢，也照亮了我们
舞动的身体，还有那双寂静的眼睛。

祝江波，瑶族，"70后"，居长沙，作品见《山花》《民族文学》等，著有
诗集《词语·症候群》等。

大地的琴键出落，蹲进指尖（组诗）

王小荣

序诗：我们双柏

立于斯，我看到房屋、田园……放下了平整的日子
与露水一样的前程
在这，每捧起一把土都会抽到我们的血肉
千万粒尘埃戴上了双柏的感恩
热泪中，仿佛一伸手，多少亲人就把你从心里迎出

碍嘉梯田入画来

碍嘉梯田——一丘丘一片片，一眼望不到边的梯田
像蓝天白云的花纹俯下身
远看如天落碧波，侧看似天梯凌空，俯瞰似大地版图
这大自然的鬼斧神工
在这摞一块阳光，仿佛可以放飞一个村庄的风骨
在这栽一缕月光，仿佛可以收藏一个百姓的魂魄
这剩下的并安静下来的田埂，草木就恍若从蚕蛹里
抽出了湿漉漉的翅膀
这令人陶醉的梯田、开阔的梯田、腰缠万贯的梯田……
在双柏彻底解放，都有着金色的梦想和生命的光芒

多少慕名而来的脚步，推进了所有的情节与感动

我细细感受这梯田之美而深陷其中，并用这清晰的镜头
把碠嘉梯田摄进我怦然心动的心底

舌尖上的谷花鱼

像这样细细地嗅，凝神地感受谷花鱼与双柏
血脉相连的清香。能不能叫住一缕清香
被其陶醉，一颗心便会因其跳动更深的幸福

倾心于谷花鱼与双柏风土人情的——融合
一个人就忍不住幻化为一缕清香
把它典藏于双柏美食的书简，散播四面八方
让大街小巷都蛰伏谷花鱼的回音

在双柏，这飘香四溢的谷花鱼
香得热热闹闹，香得密集，香得不能忽略
香得一致的檐像庄稼一样，舒展开来
香得远道而来的人，噌噌噌地往上涨

在双柏，那可口的、美味的、令人怀念的……
谷花鱼跑在清风里
跑在双柏一街一道的地方志里
甚至，我来不及坐上，阳光来不及明媚
我一张口而出的方言和风尘仆仆的衣衫
那双柏人的热情
就迅疾从一碟谷花鱼飘出的清香，窜开——

查姆湖：不可名状的美

这是多么令人神往，清澈的湖俨然一幅山水的画卷

一座湖即便再忙，也会将危险中的美一一呈现出来
像灵魂抓住了肉身，或像唱针在唱片上奋勇地奔跑

喧嚣远去，美不胜收。每一声鸟鸣在这是如此清脆
每一滴湖水湛蓝得被轻轻滑开，仿佛都能长出翅膀
我想：没有一滴水比在查姆湖更有魅力更让人妒忌
内心藏着蓝天和草木欲滴的绿
每一滴水都辽阔得价值连城，涟漪都荡得那么销魂

清风破碎于此，一座湖瞬间就拥有蓝天白云的高度
若神仙到此，看到这精彩的秘境，都会惊叹作和声

徜徉于白竹山的修辞

之一：晨观日薄而出

白竹山上，你要的静像云朵从高远的天空顺着梯子
缓
　　　缓
　　　　　下
　　　　　　　来
一缕晨光喷薄而出，仿佛世界都为此安静了下来
阳光破碎于草木，一座山拥有蓝天白云迷人的高度
这自然而无法复制的秘境，连神仙都会惊叹作和声

之二：昼望云海翻腾

静立于此，我仿佛看到清风和云朵踩着优美的曲线
每一棵草木瞬间在这辽阔得价值连城
仿佛每一个人都携带着白竹山的气息，空悬于光线
和音质之上

白云与草木互为喻体，跌落得惊天动地
我深爱这云海的延续与忘记，它不消失洋溢着的美
像存在一样的真实，像清风一样从心底缓缓吹过

之三：夕赏晚霞绮丽

我想，一个人是多么渴望拥有白竹山的高度
一个人便可以俯瞰或远眺，把心事托付给蓝天白云
当一个人爬上白竹山，爬上一个崭新的高度
看着匍匐于此的山石、草木、落日……渐入佳境
这是何等的美，一座山：多少沉潜的呼吸被擦亮
山石与草木在这私订了终身，鸟鸣与足音在这穿行
我想，白竹山上，像黄昏打动的不仅仅是天地

之四：夜思摘星揽月

蹿上一座山的伟岸，高可手摘星辰，低可抚摸大地
在清风流动草木的美与闪闪烁烁的星光之间
在迷人的石头与仰望苍穹的隐喻之间
在匍匐于月光的叙述与纷纷劈开的魂灵之间
一座山在夜下打开，一切带着神谕，美是捂不住的

白竹山茶：品出幸福

像所有水都参与的一次掌声，你想象一枚茶的出场
让灵魂沿着清风散开，远天的乡愁从思念下来
这汹涌澎湃的，好像一条河藏于古老而迷人的芬芳
众多的沙砾、花朵……前仆后继
一粒接一粒，一朵挨一朵，像朝觐的队伍俯下起伏
在双柏，品白竹山茶
无非是一滴清水打湿了百姓茶余饭后所调侃的苦乐
无非是一缕清风把大街小巷铺成一面

无非是一轮明月躺下了双柏山水深处陶醉的芬芳
我想，一个人胸中定是珍藏了明月与草尖上的雨露
让白竹山茶匍匐于日月的叙述

一枚茶被长久地弥漫，阳光般纯粹，星光一样梦幻
直至雨露磕碰月光，风打动门窗，接过茶香的奔跑

感悟石碑山

多少原始的美崩溃下来，仿佛每一个人就四分五裂
光芒散落于草木之间，比晨光悠远，比落日更磅礴
登高石碑山，猜想：每一个人是否都像我
看到这石碑山这最原始的美，敬畏与激动的情愫
如一只手攥紧着心，语言顿时被急促的气息噎住
如此我必须低语，压低压轻脚步声，怕脚步声一大
就打搅石碑山的神灵
怕山石一被惊醒，一草一木里我找不到匹配的眼神

石碑山上，如果可以，我要卸掉光阴、流水……
卸掉我尘世的功名利禄与欲望的淤泥
像一个闲暇的古人，把琴弦调好，端坐于石碑之上
把郁葱的山峦、泉水的叮咚、绿树成荫的草木……
掬进弦间，手指一抚，石碑山的前世今生就了然于前

王小荣，江西人，作品见《人民文学》《诗刊》《青年文学》等，入选多种
选本。

查姆湖

梁尔源

在高原和你的蓝眼睛
第一次相遇
你对我很生疏
那是我脸上没挂高原红
我悔恨自己
在过低的海拔上
消磨已逝的风流倜傥

来的那天清晨
哀牢山抹着云彩
还没解开你的肚兜
当阳光撩开温情的面纱
那走出闺房的脸蛋
挂着海棠的绯红

迷恋上你的清纯
诱惑已被眼神拴住
真想和你一起
每天抚摸蔚蓝的天空
搂抱真实的月亮

梁尔源，湖南省诗歌学会会长，作品见《光明日报》《人民文学》《文汇报》《诗刊》等。

白竹茶园

戴欣予

陈年饼子
沉默了许多年
凿下一个角
破了尘的回忆在盏里
当啷一声

万里外
旧事在茶香里舒开
我抿了一口茶
只觉吻到了
那个彝族姑娘的指尖

戴欣予，女，华东师大 2016 级学生，自幼喜爱文学，钟情于笔尖的感触。

查姆湖畔的月亮

张秀华

今夜，站在故乡的查姆湖畔
我们赏月，吟诗
谈论古诗词中的明月
谈论儿时老家的月亮

在我们的头顶
是古人诗中的那轮明月
是故乡查姆湖畔的月亮
置身天地间
总爱寄情山水，感慨万物
故乡查姆湖畔的月亮
因山而高远，因水而曼妙

明月映山水
故乡查姆湖畔的月亮
沐浴在清波粼粼的水中
月光清爽皎洁
夜色美轮美奂
这时的查姆湖
月的柔情，水的灵动
便成了一首诗、一幅画
成了天地间最完美的邂逅

成了中秋之夜

身在异乡的游子挥之不去的乡愁

张秀华，女，彝族，1975 年生，双柏县人，文字见《金沙江文艺》《楚雄日报》等，双柏县机关幼儿园教师。

绿汁江： 木棉花与凤凰花的大红颂词

邱保青

1

无论以贵族的姿态，还是平民的身份
血管里都要流淌红河热肠双柏豪情
木棉花与凤凰花迎春，从来都是和颜悦色
江水转暖，有时候自己想不红都不行

我最喜欢把一朵木棉花或凤凰花贴在胸前
活在人间，不卑不亢的心是另一枚旭日

辽阔的两岸红不是绿汁江的大红嫁衣
就像落日，不是我一蹶不振的签名

江绿或者花红，平庸或者杰出
花鼓舞尽情摇我腰肢，对歌会打开我的好嗓

2

一朵朵燃烧的木棉花，把我叫醒
一枝枝浸红的凤凰花，把我放远

落下去的红花不是我丢下的买路钱
原始的老虎笙只能是沸腾我经脉的火种

和谁谈生命的真谛，和谁交换辽阔胸襟
不问春秋不问枯荣，我只顾蓬勃无尽的活力

即使做了绿汁江的一抹春色
我还是要隐名埋姓，不出山不亮歌喉

木棉花与凤凰花点亮春天，大美绿汁江
走到哪里，我都会跟着你奔流到哪里

邱保青，女，河南博爱人，河南省作协会员，诗文见《大河报》《京郊日报》等，多次获奖。

碍嘉古镇三日

金 彪

碍嘉古镇太古了

古得只剩下直通夷獠所居的痕迹

看不见高楼林立，也没有车水马龙

古西城门的一截雄姿

依稀是神仙之所

起先迎接我的大地流云、仙女织锦

只是哀牢山最初的抒情

弯腰树、麻嘎河飞瀑皆如万千佳丽

差一点让我迷醉于她们的飘逸和婀娜

那苍茫悠远的腹部

红遍的马缨花以及山茶、杜鹃

开在唐人的诗句里

直直地捧出一户户彝人古寨

短笛清脆

温润所有人几度疲惫的心

踏着山歌慢行

一脚跨进夜的狂欢

大三弦与笙歌弹出一个七月十五

足够淋漓三天三夜的畅快

与我一起醉的外国人

尖叫也咣咣作响
真羡慕这些抬脚能跳、开口能唱的碍嘉人
而我只能随意牵一双手，平复心跳
试图收获的爱情
只在大街小巷愈演愈烈

之余，没有内心快快
只在情人路上买了一杯冷饮，安慰自己
因为怕小灶酒，将自己再一次点燃
然后在梦乡，抱紧古镇的恬静
做一回简单自在的神仙
且在下一个清晨，不让山中的长臂猿与绿孔雀知晓

之后
蘸一点查姆湖水
于茶马古道上的风雨桥头
借卜门吐月的清辉，写下一首离歌
焐热即将到来的怀念
正如石羊河，缓慢推着走的那些水

金彪，江苏人，作品见《新华日报》《星星》《诗潮》《雨花》等，多次获奖。

秘境双柏： 养生福地的生态传奇

赵长在

在哀牢山，在白竹山，在绿汁江畔
在妥甸，在老虎广场，在查姆大道或查姆湖畔
在碍嘉七月十五街，在虎节，在九天湿地，在彝州虎乡的
茶山茶园、万亩葡萄园，遇见我。像一个寻找
原乡的旅人，沉醉在灵秀双柏

因水而秀，因山而灵，有水的地方，便有沃野
有山的地方，便有奇花异草。有梯田的地方，便有如诗
如画。山与水，连接起滇中秘境生生不息的
精魂，与浓郁的民族风情

笙歌跳唱的队伍里有我。唱山歌的队伍里有我
花鼓舞的队伍里有我。彝家土掌房里有我。板桥河大桥上
有我。白竹山、石碑山上有我。听毕摩
唱颂《查姆》的人群里，有我

生态双柏，犹如一树火红的木棉花
掩映在灵美的青山绿水间。宜居、宜游的查姆文化故地
多像一颗绿海明珠，镶嵌在哀牢山自然保护区
奇美的彝家风情，仿佛一轴神奇的画卷
铺展在中国彝族虎文化的故乡

彝族的创世史诗《查姆》，多像双柏的
历史根脉，深深扎在哀牢山深处。跳老虎笙的彝家儿女
跳小豹子笙、大锣笙、龙笙的彝家儿女
把人与天地的对话，融入双柏古老神秘的土地

沉浸在虎乡的醉美。养生福地，占领一个人的心路
假如你在双柏遇见我。那时，心灵的归属，早已有了一个
清晰丰美的轮廓。城在林中，水在城中

双柏，多像一册民族繁盛的族谱
为十八个少数民族，保留下人畜兴旺、风调雨顺的人脉香火
历史的悠久，凝结成图腾的舞蹈，古老的宗祠
凝结成古战壕、石碑群、恐龙化石群
一朵凤凰花或杜鹃花，接纳了我的倾心
只想在清幽的白竹山上，做一名悠闲茶客。用云海、日出
花香、茶香、森林、竹林，解读绿色双柏
完好生态的不老神话

梦里秘境，弥散着天籁般的阿噻调之音
淳厚善美的双柏人，把独有的民间山歌小调，唱成民族文化
艺术之乡不变的乡音。每一句唱词，多像燃起的
火把，暖人，暖心，暖梦，暖情

把民间说唱，唱成乡情、乡韵、乡愁、乡恋
人文历史的苗壮根脉，犹如绿汁江的条条支流，流进
双柏人的骨子、血液与基因

人杰地灵的双柏，青山、湖泊、草坡、林海、茶山
像一朵朵五彩祥云，飘在哀牢山脉。一座扎根在心灵沃土的

生态家园，说出口的挚爱与情深，有如口中
吐出的莲花

双柏，像不像翠绿林海里，飞出的一只金凤凰
单说哀牢山梯田的绿美胜景，就是一处金子般的风华宝地
时光的痕迹，雕刻出双柏的繁盛与醉美

云雾缭绕间，常常有仙来仙往
众神眷顾的地方，一定山清水秀。依山傍水、青山环抱的
妥甸，让一座城市，幻化成一片生态秘境

千年的光阴流转，与相依相伴的虎文化
共生共存，成为一座城市的精神支柱。民勤景美、安居乐业
锐意发展的双柏，多像璀璨的星辰，撒落在
钟灵毓秀的版图上
在养生福地的天然氧吧里，来一次森林浴
单是想一想，都觉得心醉。绿色食品，林海风光，民族风情
把和谐美丽的双柏，还原成一片片春色

这是在人间仙境吗？错落有致的梯田
早已化作双柏的风或水。历史漫漫的长风
吹过山山水水，吹成遍地的春风。绿汁江流过的地界
变成一片肥美的沃土

风水叠加。繁衍出双柏的山清水秀，盛饶丰美
彝家人的根谱《查姆》史诗还在。白竹山上的云雾茶还在
石碑山的古战壕还在。跳笙场还在。山水园林城
变成休闲、度假、旅游、养生、宜居的圣地

遍野的油菜花香，依旧浓郁。动听的山歌
还在继续传唱。祈福消灾的舞蹈，还在一代代传延
崇尚自然的情怀，释放在高山流水

扯开喉咙，也想唱一唱动人的山歌
跳一跳虎笙。梯田与绿野，多像双柏张开的双臂
拥抱八方来客。徜徉在层层抬升的梦幻梯田里，好像正走进
一幅美画卷。与天上仙境，间隔的竟是如此之近

农耕文明创造的醉美，见证了一个人
深深的挚爱。情深如云海，情恋如绿海。喝一碗甘醇的
美酒，喝一杯香氛的白竹山春茶，唱一声多情的
小曲。养生福地，醉倒天下客

其实是想说，我与双柏拥有同一缕春风
只不过，我在人间的神话里，沉醉。而美丽和谐的滇中秘境
则在山清水秀间，织一幅丰饶的锦绣画卷

清澈的绿汁江水，滋养着山城灵美的
根脉。山水的灵美，灵美的山水，做蓝图框架，书写一卷
壮丽山河圣美的生态传奇

一方方油菜花田，酿出养生福地
甜美的光阴。这里的风水一定很旺盛。这里的土地一定
很肥美。这里的根脉一定很茁壮

情，还可以更深一些
爱，可以更浓一些。在心灵之上，筑一道时光堤坝
蓄满永不枯竭的热恋。查姆湖潋滟的波光，生态梯田的绿美

让一颗思慕的心，只为双柏，而沉醉

慕名而来的人，都怀有寻美、寻胜的梦想
期许在魅力双柏，寻到梦中胜景。历史悠久的文化
多姿多彩的民族风情，民风淳厚的风土，与人文的灿美
交叠在一起，融汇成深厚的文化底蕴

有山、有水、有林海的秘境双柏
有说唱、有舞蹈、有名茶、有图腾的福地双柏
让我一次次醉在古老的文化与文明。矿产资源富集的双柏
景观独秀、绿色生态、宜人宜居的灵美双柏
平安富庶、和谐幸福的双柏，巍峨成山，流淌成水
神山圣水，裂变成新征途，与新传奇

每一个来到双柏的人
都在用仰视的角度，去瞩目一座山城的巨变与腾飞
让灵秀的双柏，做赞美诗的起首
与深爱一起，落地生根

赵长在，1971年生，河北人，诗作见《诗刊》《星星》诗刊等，多次获奖。

家乡双柏

苏贤月

我的家乡双柏很古老
古老得需要穿越上古的彝文
去猜度她的年代

我很年轻
是一个尚未成年的高中生
年轻得有大把的青春
去创造家乡的未来

那些尚未翻译的彝文典籍
让现在最优秀的彝文翻译家
读起来都像天书
从中可以断定家乡历史的古老

每次翻阅那些古老的彝文典籍
我都不敢奢望知晓里面的一鳞半爪
能感受到的
除了惊叹，就是古老得
比家乡的历史还要古老
就像我每年的三月回到家乡
能见到的
除了古而不朽的墓地

除了早已倒塌的老屋
就只有老照壁里欢迎我的麻雀
与神秘阴森的祖先神灵一起
为我日益模糊的乡愁擦亮记忆

此次我返回家乡
不是为了寻找记忆
去听老村的哀歌
寻觅家乡远古的故事
更不是为了凭吊荒芜的古墓
而是为了寻觅故乡的明天

我们年轻
人人都有一双手
能为家乡泼墨写意
绘制大好山河
相信未来
相信家乡会与我们一起长大

苏贤月，彝族，女，2000年生，双柏县人，文字见《金沙江文艺》《楚雄日报》等，现在楚雄一中读高中。

双柏记

李元业

在双柏，想起另一些风景

在我眼底矮下去。那些辽阔，是另一种辽阔

当我想起这里的风水，有自己的修行

每一株植物

有自己的根。它柔软，也很坚强，事物的尽头

人们模仿万事万物

骨骼转化成炊烟，村庄和生活。清爽的风

瞬间吹薄了哀牢山上的白云。金沙江的薄羽

可以加固一个人心头的美，彝族舞那么脆弱

轻轻的颤栗

温和，具有神性的喧嚣和静谧。

整整一下午，我与妥甸上空的云朵闲聊

沿着楚雄话

说诸葛亮，和我诗人秘密的身份。山峰、茂林、幽谷

内心煮下安静、幸福

远处的鼓舞、篝火、美酒

都懂得人情与世故。

无数手伸出去，像要交出自己

碍嘉的七月，每个情人都有自己的

红河谷

白竹山风吹来，替竹子数数。数出山上的寂静

汹涌的寂静

一直在挖竹叶上的星光和露珠。每颗露珠里

藏着铜、石棉、云母的爆裂。

每一部《查姆》《齐苏书》书中，隐藏着养生的秘密。

那么多竹子，奔跑成辨认世界的灵魂

日子可以慢下来，阳光可以喊出疼

每一秒，每一天，数出生活的权利

看比星星更亮的眼睛

它深埋的《赛玻嫫》，有多少接替我说出诗韵中的呼吸器

晨露中翻身下来的露珠

擦着云朵说出了老虎笙的名字

跳起火把节，我掏出陶罐盛酒的姓氏

哀牢山上，有人跳龙笙。碍嘉的星辰

抽出夜的舞台。我怀抱一首绝句

仿佛去那里散步。

一首《阿佐分家》传得很远，一枚月亮被一颗相思的心拥紧

作为起点，有繁衍怀孕、生育的母亲

灯火慈祥，却又质朴

时光一寸一寸贮满依恋的同时，一个人的骨骼慢慢饱和

有人准备嫁妆，有人准备闲书

我只有打更的闲笔，写下帷幔中逼仄的身影。

李元业，1976 年生，青海人，诗作见《诗刊》《星星》诗刊、《诗潮》等，获奖多次。

吟唱者

叶　莹

一滴查姆古卷中的水
源于白竹山跳跃而下的薄雾

源于老黑山顶夫妻树缠绵的结晶
源于查姆湖畔化身千年鱼的眼泪

在我创造的世界中
它们如海浪
不知疲倦地奔向眼睛所指之处

敲锣的人
攫走了黄金的竖眼
就在很久以前，就在星辰沉默以前

横眼巨人从火焰的字符里
跳进山川河月里
在葫芦里，在洪水里
在鸟兽禽鸢的棺木中
驶向空无一物
老虎醒了
带着人间俘获的工具与情感
在山林中插秧拾穗

在平地上谈情说爱

火焰的苗子
都是他们温顺的毛发
从老虎的嘴里吐出
掠过天空的流水
漂浮于小豹子奔腾的爪印

查姆里，有千奇百怪的字符
我无法一一为他们命名
有人嫁娶
有人奔丧
有人谱经指路
……
像天空中的湖泊
只问今生，不问来世

叶莹，女，双柏县人，1983 年生，四川美术学院毕业，现在双柏县文体广电旅游局工作。

双柏的白竹山，梦缠绕成枝蔓

苏美晴

一如背着幸福的口袋，白竹山掏出清泉
树荫。掏出一坡又一坡的茶园
水在山涧唱歌，绕梦的枝条压住群山
绿尾的孔雀，开出述说蜜语的屏障

在双柏的白竹山，俏立枝头的青果
摇曳出风的姿态。一碗香醇的茶色，暖出人间
我眯着季节的眼睛，辨认这里的石头、树木
辨认出一只白腹锦鸡，悠闲踱步在人世之外

恍若是仙人桌搁置出久别的往昔，引导清风续读昨日
带着青葱梦幻的茶，香茗了久远的等待
恍若是长蕊木兰、水青、榉树，站立各自的地段
杜鹃花、马缨花，用花的形体，鲜活成时光的庭园

我爱这青山已不是青山，是枕梦的夜晚
用茶说出双柏的幸福。用黑颈长尾雉，带出梦的路径
如果说神话是人间的片段，我想是在双柏的白竹山
传说摇曳成月光，如流水一般，探梦于胸怀

梦是绿的，一如春风，一如双柏
流淌出清澈的奔涌

一枚茶叶，握着鲜活人生的可能
此外，白鹇，也想插满幸福的七彩翎羽
恍若是双柏，飞过人间大美的柴篱

苏美晴，女，黑龙江人，著有《在身体里行走》等，作品见《诗刊》等。入选多种选本，多次获奖。

梦幻查姆湖

刘艾居

1

在查姆湖当我洗去满身的风尘
换上一件宽松的梦幻衣纱
迷醉已让我回到一缕风的轻盈
回到一朵云的淡泊，回到草木的芬芳

在辽阔的梦幻中飞翔
仿佛回到万云拥戴的山川
融入花草芳香的摇曳
只要轻轻安落云头
我的诗歌就是缕缕呷呀的月光
在山里卷起满天飞舞的云霞

如果灵魂还需要洒扫
那就将重逢推入喜气弥漫的闺房吧
在那里竹影约会清风
像新娘回到久别的缠绵
花花草草神魂颠倒的梦幻

2

梦里依稀经过前世的柱廊
一点点在宁静中靠近灯火
水从石桥的圆镜里穿过
而打破那面圆镜的不是风
是突然从梦里窜出来的乡愁

引水入梦，于是所有的记忆
得以在查姆湖的清波上
化身一片片月光
从梦里经过
请将那些自失的碎片拼拢
若干梦呓之后又将
还原成一座座现实的风轻云淡

3

因为夜色，我找到了剪刀
将梦幻里的查姆湖——剪辑
将那些照进查姆湖里的街灯
从水上剪开，那些晶亮的水就从灯火里起步了
很曼妙的双柏，神灵的眼眸清澈动人

灯火一盏一盏点亮梦幻的查姆湖
直到那脚印在这人神共居的家园发芽
毕摩吟唱，放牧心灵

4

云睡觉去的时候
风继续将鳞波的脚印吹入小城的梦里
笛韵悠悠的晚风，像湖水
突然长出的翅膀
缓缓地从水上起飞
在梦幻里飞翔，明亮，高远

啊！在查姆湖最先飞起来的不是灯火
是那些水边的静物，水墨里的长天

5

当风从湖里挽起裤腿
花花草草已将绿的歌声传向远方
"我们都是种在查姆湖里的脚印
风一吹就可以回家了"
是啊，沿着那些湖滨小径
我们可以放心地回家了
回到梦幻里的双柏

6

剪辑查姆湖的梦幻风景
按灯火的鞋样、房屋的尺寸
街道的逶迤，与之缠绵的花花草草

查姆湖穿着诗歌的水晶鞋
从蓝天跑到水绿
迎接前来参观的游人

风把查姆湖的花香吹远
吹到蓝天的蓝里做星斗的花裙
水把查姆湖的足迹带往一盏盏梦的码头
打印成一张张风景名片

7

那缕风，坐在湖水的屋脊上乘凉
看月亮旋开无数桂枝
站在云端咯咯地笑出声来
低处的湖水银光闪闪
像刚刚游上岸的美人鱼

如梦似幻，我无数次地辨识过
我经常一个人来到湖边，吹风
看月亮如一块洗得发亮的石头

8

风并没有把梦幻中的船只推动
它泊在水里，仿佛已经地老天荒

我是远方来客，举一把油纸伞
拎着一串悠长的思念
从左边的拐弯处消失

然后从右边的巷道里走出

我不是丁香，但有着丁香一样的情怀
我想将曼妙的身影留在查姆湖
不是要向你说出忧伤
而是要在你隔岸的目光里遗世独立
像尘世深处的一条门槛
不说告别，而是穷尽一生把你守候

9

彝族的火把节映亮了查姆湖的夜空
这些燃烧的火把，抓住黑夜的狂欢
在喧嚣，在呈现，在手挽手的牵扯里
长出一个个笑容的触角

我是那被欢乐的触角摸上一把
就不能自己的旁观者
在灯火熄灭的山里
发现了另一片星空
于是在纵情的欢乐里
我以笨拙的身子挪动前面的火光
将醒来又睡去的湖山
从遗忘的角落里拽出来
告诉万物摇曳的腰肢
唯有生长唯有火的茂盛
生活才不再简单

吹过山野的风

吹落星星点点的余烬
生活在火光擦拭过的地方
长出另一片辽阔的土地
那些游走于火光里的人群
犹如幽暗处掘进的根系

刘艾居，湖南沅陵人，作品见《人民日报》《诗刊》等。著有《纸上的灯光》等。

我在双柏等您

郭秀玲

1

在查姆湖的桥上等
手捧"情"字，面向您
请"福"与您对话。我一直没动
生怕惊扰一池明净与安宁

2

双柏的阳光活得美好
温柔地见证您的一见钟情
清香淡淡，是白竹山茗的召唤
扑面的香，是妥甸酱油的浓情
红艳艳的樱花，是迎接您的激情

3

石碑山翘首期盼
普龙的葡萄拍手欢迎
哀牢山秘境去了没？
老虎笙大锣笙小豹子笙，看了吗？

跟着三弦四弦跳起来
彝家火塘吻暖您的心
手里的酒碗暖了
山寨的星星读懂花鼓的狂欢
虎乡的满月越来越近了
我站在高山，是想急切地为您放声歌唱

4

在双柏，连树木都挺立着光明与幸福
在牛羊与树林之间
住着甜蜜蜜的房屋与日子
悠闲的时光是送给您的
连同清晰可见的记忆一起为您打包
寄给梦的远方

5

您走了，我还会在这里
目送。并一直保持主人的姿态
一次，再一次地
在全世界唯一的双柏，等您。

　　郭秀玲，女，"80后"，双柏县人，云南省作协会员，作品见《人民文学》
《诗刊》等百余家报刊，著有诗集《响亮的月光》，现在双柏县文学艺术中心
工作。

净心之水： 心中的湖

罗开映

1

一寸多余的阳光

一段多余的清风

一滴多余的绿意

一声多余的鸟鸣

一阕多余的蓝天

都是神灵丢失在山城妥甸的物件

2

查姆湖或许是从王母身上掉下的一块碧玉

这么温润娴静，柔情地躺在山城妥甸的怀里

她刚经过梳洗打扮：

花枝招展，秀色可餐

倾你的国，倾你的城

摄你的魂，摄九野之宾的魄

要不，游人的思绪怎么会长上鳞，长上翅膀：

"坐地日行八万里，巡天遥看一千河"

3

查姆湖的水是清澈透明的
她隐藏着虎乡双柏迷离的传说
也隐藏着虎乡双柏的瑰丽与神奇
她倒映山光，倒映山城妥甸
微波拍打城根，发出低吟浅唱
将游人的笑容、欢乐、晴朗的心情
镌刻在浮光掠影的波纹上
与闲云野鹤般的水鸟、鱼儿嬉戏
与天空的云彩融合
掏空五脏六腑
要不，怎么会这样让人透彻心扉，切入骨髓

4

第一缕阳光跃过湖面
笼起轻纱似的薄雾
这薄雾化成的水汽
带着游人的思念
升上天空，变成云朵
洒下的雨滴，变成暗恋查姆湖的泪
淋漓着，湿漉游人的心扉
要不，怎么会把心间的尘埃洗净

5

纨纱媛女驾着渔舟，身轻如燕

柳荫撑破小舟
一只白鹭掠过湖面，落在浅滩
惊醒了油油的水草在湖底的幽梦
钓者手执垂纶，洞穿水中的隐秘
微波吻着岸草，岸草泪湿淋淋
迎接九野之宾
要不，怎么会有宾至如归的感觉

6

伸手捏捏一粒粒的阳光
掂一掂，掂出查姆湖的重量，掂出查姆湖的沧桑
掬一捧清风，清冽而富有弹性
像绸缎，像粘脂：细腻柔滑，冰肌玉骨
要不，山城妥甸怎么会风光旖旎
美人"清水出芙蓉，天然去雕饰"

7

水波轻推芦苇，芦苇款款扭动腰肢
像湖水均匀的呼吸
将游人心中包裹着的蓝天融化
游人的心是蓝色的，不会在芦苇根部搁浅烦恼和迷茫
那些飞舞的蝴蝶、蜻蜓、豆娘甚至翠鸟迷失了方向
在芦苇丛中荡着秋千，迎着阳光相互对望
肥胖的野鸭、秧鸡在芦苇丛下呼朋引伴，筑巢定居，儿女
成群。芦苇则思绪万端将荻花飘飘悠悠撒向天空，落入
湖面。仿佛为相恋的人祈福
要不，怎么会淹没秋水伊人的思念

8

查姆湖衔着森湖公园
金光闪闪的琉璃亭台掩映在参松翠柏绿竹间
被正午的阳光烘烤得慵懒而闭目养神
就是那些激情洋溢的鸟儿也停止
歌唱。白云无语。树木无语。蝴蝶无语。蟋蟀
无语。蜻蜓无语。蝈蝈无语。只有
岸边逍遥的柳树玉手纤纤，等待
"月上柳枝头，人约黄昏后"
要不，查姆湖怎么会生机益然，春光无限

9

万道霞光扫过湖面
微波推着流莹，浮光耀金
追逐鱼儿的梦想，鱼儿跃上浪尖
让空中飘动的云气洗亮眼睛
鸥鹭徘徊迷恋滩头
查姆湖喝醉了酒
顿时满脸泛起红晕
仿佛千万美女拿着桃花扇在阿房宫翩翩起舞
腰肢纤细，身形修长，百媚千娇
宽大的衣袖，舞动起的燕山雪花照彻天宇的清爽
要不，怎么会有倩影歌吟的曼妙
玉树琼楼音响的缥缈

10

鸟儿睡着了，鱼儿带着满湖星辉，带着皎洁的月光

迎接山城妥甸次第开放的灯火

查姆广场每条血管的血液顿时沸腾

点燃激情的火焰

笙歌像燃烧的火龙

融化人们大脑的岩浆

那简直就是一棵棵巨大的果树上结满金灿灿的圣果：

一棵结着现代舞

一棵结着左脚舞

一棵结着阿噻调

一棵结着大锣笙

一棵结着小豹子笙

一棵结着老虎笙

……

要不，双柏怎么会是歌的世界，舞的海洋

11

歌未央，舞未央，满天星斗月阑珊

山城妥甸的空气在膨胀

查姆湖吞吐着明月星辰

将满湖灯光搅拌均匀

万千霓裳飘动，在水波浪尖上

万千美女跟着杨贵妃跳起霓裳羽衣舞

查姆广场的歌声、乐声、舞步流入查姆湖

再顺着草尖树梢飘上苍穹

天宫躁动不安：

牛郎骑着牛儿，望着波涛汹涌的银河

苍凉寂寞，痛哭哀伤，挑着儿女徐徐降落

嫦娥在广寒宫里泪雨滂沱

惊却自己的舞蹈相形见绌，羞愧难当

玉皇大帝手捻长须，满脸疑虑，王母大发雷霆

怒斥舞娘。从此罢舞息觞

要不，山城妥甸，查姆畔怎么会是人间天堂

12

湖面升起白色的水汽

收拾残留的脚印、歌声、舞步、音乐、心情

挂满草尖树叶的露珠点亮星辰的眼睛

芦苇、水草寄托着山城妥甸的怀想

湿漉着人们甜美的鼾声和笑靥频添的梦幻

要不，查姆湖的水怎么能净化人的心灵

罗开映，双柏县人，1962 年生，双柏一中语文高级教师，作品见《中华诗词》《东坡赤壁诗词》等。

印象双柏（组诗）

王　超

1. 印象：双柏

到此，古老的滇中腹地
便进入神秘的家园，处处是欢歌笑语
不时的，谁的笙与谁的琴互相倾诉
弹奏一曲世外玄乐——
古老的村落与朴素的人们，还有那些山啊
那些山青青所依，幽幽葱茏
那些山钟灵毓秀，连绵不绝——

山的怀抱里，云南松越长越高
时光如旧，家园却变得越来越新
稻花香了，茶园绿了，核桃饱满
十八个民族的兄弟，生在青山绿水间
像风儿一样自由，像鱼儿一样清白
像鸟儿一样勤劳——

小城崭新的轮廓与大山相望
青松、榕树和罗汉杉那么地古老
仿佛从山水田园的诗画中生成
黑山羊、滇黄牛，妥甸酱油、小灶酒

溪水潺潺，丰盛的菜肴正冒着热气
彝家的日子正冒着热气——

十八个民族的兄弟，唱着古老的歌谣
弹起弦子跳起脚，踏出神秘的舞蹈
迎来崭新的时代，用双手谱写一出新剧
他们热情似火，目光如炬
他们热爱家园，更崇尚劳作
用虔诚的心面对涅槃与腾起——

2. 印象：小麦地冲老虎笙

每年农历正月初八至正月十五
一个热爱老虎的民族
便跳起了有关老虎的舞蹈
这里的人们便是虎的化身
——彝族"倮倮"
房舍与院落，清晨担上山泉水
水流到田园，流进了人们的心里

小麦地冲的村口有一个石虎
太阳已经风化了最神秘、最明亮的眼睛
左右两边，穿越多少岁月
守护这一方水土，守护家园

上路之前，人们用彩色的花纹涂满身体
把各种仪式之外的虔诚铺满山村的路
接虎神、跳虎舞、虎驱鬼扫邪、送虎归
整个过程都是人与神灵的祭祀

人们在幸福中重现劳作，见证光辉，祈祷平安
从皮肤到大地，老虎跳跃起不绝的颤音
虎的后代便离不开这虎的舞蹈
这是虎的图腾，是人与自然的斗争与合作
十六个人，仿佛最神秘的化身
各司其职，鼓声、弦乐与舞动的生灵
"老虎出山""老虎捉食""老虎搭桥""老虎接亲"
仿佛是人间幸福的喜剧上演
"老虎耙田""老虎播种""老虎栽秧""老虎收割"
又仿佛是人们劳作的朴素再现

太阳的火苗与老虎的跳跃
使幸福的恩泽降临至人间
抚摸一下生命的韵律和太阳一样
把生命比作老虎，把日子重新点燃
抬起头来，漫山遍野生长着幸福——

3. 印象：白竹林

法脿镇白竹山麓，伫望于山水之间
浑然不知身外的岁月，如一处
闲暇奇想的胜景，遂汇成一片隐逸竹林
终于唤醒了，这人间的墨色

云南松与杉木在山的脊背，带来了流云
毛竹与茶油树在山涧，引来了小溪
云雾缭绕，泉水给大山点上了性灵
从缓缓的流淌中，写出光的呼吸
谁想，也许每一株树的姓名

长蕊木兰、水青树、榉树——
都有属于自己的年轮与幸福
透过的每一寸阳光，将是人们的食粮

成片的箭竹林与杜鹃花是
大山最美的眼睛
在山的腹地，我们买一次隐遁
清凉如许，热情似火，这神秘的森林
即将迎来远方客者的审视
万亩的茶园，升满袅袅茶韵
到处是香醇的梦幻，恍然浮现
我愿在这里建一处栖身的茶楼
从一片片浮光掠影里，品茗
人间的甘苦——
一点一点的星火，一处一处的石碣
不愿委身于草草闹市的宣泄
长尾雉、白鹇、原鸡，还有绿孔雀
林间穿梭，自在独行
这应是生命最美的姿态
白竹花海，四季轮回
可曾是梦里缠绕的忧愁？
就让我们这样，在山水中醒来
从绿水环绕的人家，从茫茫的田野
从竹喧深处的如歌行板中，醒来——

4. 印象：李方村火把节

彝族的人们爱火，每年农历六月二十四
李方村，这神秘的腹地

在等待中变黑，再变黑
夜晚束松燎燃，空气像抽去了灵魂

迎火，请"火神"——
杀牛祭祖，杀鸡祭田
然后，开开心心地分食这盛飨
就着年夜的火与地底下的虫鸣
锣声想起，震颤着欲取走一切
唯有这长夜里跳动的舞蹈
扑闪着火苗——

跳火，敬"火神"，唱火把古歌
栽火把树——

一阵阵脚步，一束束花火
人们奉献了最虔诚的灵魂与热忱
男女老幼，吹笙弹弦
月琴与口弦，互诉衷肠
以歌和之，饮酒为伴
唱起那熟悉的古老歌谣
在长夜里弥散开来，而我们
仿佛看见那生命的枯荣与轮回

送火把，送"火神"——
人们手持传递的火种，竞相奔走
载着期盼，载着美好的祝愿
继而，把星星点点的能量聚集
燃成一堆大火，照亮每个喜庆的脸庞
歌声随着火的光曼延，响彻山谷

燃不完彝族的梦，便伸入北斗里
附向无边的宁静，祈祷一世的幸福

王超，1982 年生，山东枣庄人，南京大学美术硕士研究生，爱好文学。

故乡的查姆湖

谷志坚

一

"大跃进"在中国已经成为历史

"大跃进水库"在 4045 平方公里土地上

却少女发育成长般

越来越年轻越来越漂亮

并且女大十八变

把你那只有上辈人清晰的名字

还有故乡人对你的昵称"小庙河坝"

悄悄留在了岁月的记忆里

然后伴随着你的丰满成熟

伴随着你的油光水华亭亭玉立

在人们对你赏心悦目的关注中

改名换姓叫做了"查姆湖"

二

我一次又一次地扎进你的怀抱

让你那池风平浪静的温柔

洗涤我骨瘦如柴的童年

让你那泓深深浅浅的清澈

浸泡我天真烂漫的时光

天长日久

我书包里装不下的年幼无知

小竹篮里背不完的无忧无虑

伴随着捉黄鳝抓泥鳅的捣蛋和顽皮

伴随着拾贝壳抓鱼虾的无邪和童趣

不知不觉从岁月的缝隙中

落入你的博大和包容

成为一串串活蹦乱跳的往事和记忆

——故乡的查姆湖啊

那是你和我相依相偎的童年故事

三

我一次又一次地把自己的幼嫩

从你碧波荡漾的画面里

投进五彩缤纷的世界

去垂钓玄秘莫测的机遇

垂钓到的　是风风雨雨里

喜怒哀乐悲欢离合的人生

我一次又一次地把自己的青涩

从你水美鱼肥的意境中

投进深不可测的生活

去捕捞充满诱惑的爱情

捕捞到的　是坎坎坷坷中

酸甜苦辣咸咸淡淡的日子

——故乡的查姆湖啊

那是你和我如影随行的青春印迹

四

漫步在松翠柳绿的查姆湖边

曲径通幽处

蜿蜒起伏　纵横交错

步步都是虎乡发展的坚硬与厚实

亭台楼阁间

游人如织　老少成群

处处都是文化惠民的欢声与笑语

绿树成荫下

郁郁葱葱　青翠欲滴

茂盛的是生态双柏的蓬勃与崛起

鸟语花香中

笙歌阵阵　舞步翩翩

见证的是养生福地的和谐与美丽

谷志坚，双柏县人，著有诗集《爱不是梦》《山里人的歌》等，现在双柏县委宣传部工作。

毕 摩

汤 琦

手持铃铛，披蓑戴笠之人
空无一物
吃自己的心
喝自己的血

这不是罪行
从星辰看到死亡
石碑山
沉默的肉体
已经偷渡了重生

祭祀空无一物
有些许远古
有些许浅声低唱

有些许经文诉诵后
剩下的字符
闪耀着空无一物
打马而过

空——是老虎脱皮后
点燃的火把

烧出

比神执笔的咒语

乾坤夺目

空——是锣鼓敲响纪元

深山的群兽

隐姓埋名

归于巢

空——是查姆开天辟地

在废墟中

生儿育女

指路白马踏江

引歌还魂

汤琦，哈尼族，双柏县人，1986 年生，文学爱好者，现在云南滇鲁农业科技开发有限责任公司工作。

老虎书

超玉李

不要真的以为，有
虎牙利爪，就能称霸森林
在虎皮虎爪虎牙暴涨的时代
火药枪，铜炮枪，以及杀虎刀
尼龙网，潜伏着尖竹的陷阱
把这王者，逼到无路可退
危险的悬崖

或中了麻醉枪
干货，被移植到动物园
野性，一点点消退
一点点变假

神啊，给我一点神力
让我把所有豪奢家具都摧毁
千年古树就不会被锋斧，油锯
大卡车，伐木工，木匠
木材商和有钱人糟蹋
巨虎，就不会成为
和尚头上的虱子
无处藏身

神啊，给我一点神力
让我把世间所有的疑难怪病都治愈
千年大血藤等就不会被当做珍贵药材
惨遭江湖郎中
或草太医之手
老虎，身上的枪伤、刀伤
以及心病，就会
不治而愈
神啊，借我一点神光
我就可以像十五的圆月
照亮黑夜
就可以理直气壮地
炸毁所有水电站
河流大江，飞湍瀑流
就不再被拦腰斩断
当瀑布
飞流直下三千尺
当大江大河
滚滚东流
巨虎，也就不会被渴死

神啊，真的祈求你
给世人一颗菩萨心肠
我们的山河
就不会千疮百痍
救世的人类，就不会在
物欲面前，丧失
道德底线
自大的猎枪，就不会在

手无寸铁的老虎面前
作威作福

神啊，请赐老虎
郁郁葱葱，莽莽榛榛的森林
他们就不会，无家可归
像游子
他们就可奔跑原野
呼啸山林
就可，称王称霸
神啊，请赐老虎以食物
归还属于他们的麂子、马鹿
野猪、斑羚、野牛、野马
那样，他们就不会饥不择食
也就不会伤人
伤及无辜

巨虎，已死啊
而五指不沾春水的正月
哀牢山深处的小麦地冲村
那些崇黑尚虎的彝裔
画着虎皮人身
还在，春复一春
乐此不疲地保留着刀耕火种
时代遗传下来的祖制，跳着老虎笙：
接虎，迎虎，颂虎，祭虎，送虎
依然对他们的神灵
对他们的虎魂
充满虔诚和敬畏，依然坚信

哀牢虎是上帝
虎神会庇佑他们的村庄
家畜、山地、庄稼
部落和族群

超玉李，"80后"，彝族，云南姚安人，作品见《民族文学》《人民日报》《诗刊》《人民文学·专刊》等，现在双柏县文学艺术中心工作。

白竹梦记

言莫非

躺卧此时，季夏之絮语正缠绕。
俯身处，滇府绿色的心脏
兀自起搏，如群山连绵的身躯。
车子被暮色婉拒，
我们选择，以昏黄的步伐
划出一道弧线。
千百年来，这些腐叶沉淀，堆积
已铺就了眼下忐忑的前程

在箭竹沉默的呼吸前侧耳
臆想沸腾，跌宕
暖风饱含隐喻，温柔袭来。
两条溪流之间，
岩层悬置的姿态，向上攀爬
它把自己想象成某种山雀。
"坐看云起时"
在饱含酸性的红壤里
我嗅到，那自盛唐而来的佛性。
置身林海，面对
我们更容易触及的柔软，和繁茂。
仪式般的肃穆，
仿佛是一种护佑。

垂听，此刻流淌的时光
空心的回响。
马缨花述说合欢，
水青树也摇晃着绿舌
而天边，一朵绯云咬住锦鸡的彩尾
向我们昭示归路。

黑夜茫茫的眼睑底下
彝人正点燃祭祀之火。
从远处眺望，村落像闪烁的萤光
朦胧又神秘。
躬逢盛会，我们痴迷于
那蕴含在羊肉和米酒里
雄浑的野性，倾倒。
在七月的良夜里，悠然睡去
我看见露水打湿白竹的长袍，
我看见，一轮圆月赤裸不语
而群星想隐去此生。

言莫非，原名严桂昊成，1995 年生，现就读于贵州大学。

绿手帕

杨光海

是我的褪裰

虫的褪裰

溪流的褪裰

你只有四千零四十五平方千米

绿手帕

满山青松是你的颜色

悠闲的云朵是你的颜色

鸟的鸣唱也是你的颜色

你只有四千零四十五平方千米

绿手帕

带着远古的古老走来的篝火

敲撞着霓虹灯的华丽

冷不丁冒出的阿乖老的琴声

醉了月　醉了风

跌落在查姆湖畔

你只有四千零四十五平方千米

绿手帕

夏天你是我的薄纱

让我肌肤的呼吸在三伏天里不会急促

冬天你是我的棉袄

让我的毛孔在冬夜里不会颤抖

生命在你的怀里
享受着生命的最美历程

那夹杂着膻腥味的大罗笙
把鬼唬得颤抖　灵魂唬得颤抖
喝口白竹山的茶
香味弥漫成薄雾
让多情的小豹子
把沿袭千年的情窦绽放

你只有四千零四十五平方千米
绿手帕
你把纯蓝的天空搂在怀里
你把纯清的呼吸搂在怀里
你把洁净的小城搂在怀里
你把许多诗人和诗歌搂在怀里
绿手帕
你只有四千零四十五平方千米

杨光海，双柏县人，作品见《边疆文学》《金沙江文艺》等，双柏县第一中学退休教师。

会跳舞的老虎

钟新强

在双柏县，传说中的老虎有情有义

老虎住在大山，曾下山到村里做彝人的老师

村里没有泉水，老虎以爪刨地，引来清清山泉

老虎和老虎见面，就要亲个嘴，热情问候

还互相碰擦屁股，用彼此的体温取暖

见地上掉了鸟蛋，老虎小心抱起送归鸟巢

老虎前往村庄，河水阻住去路

老虎取木架桥，渡人也自渡

春天，布谷鸟催耕，老虎扛起犁耙去耕田

将翻起的土地平整好，让一缕阳光在地里孵梦

老虎会在水田里绣花，弯下腰来插秧

一行一行，绣出来绿色的图画

秋天，老虎从打谷桶里甩出颗颗金色的星星

金色的星星照耀着彝人的温饱梦

老虎教会彝人春耕秋收

还教会彝人用月琴在生活里抒情

彝人不敢忘记老虎的大恩大德

每年正月初八到十五都跳老虎笙

披虎皮，画虎纹，模仿老虎，向老虎致敬

跳老虎笙的彝人，血液里流淌着老虎的王者气息

把平凡的生活过得风生水起

钟新强，江西武宁人，作品见《星星》诗刊等，著有诗集《低处的芦苇》。

白竹山云雾茶

张太成

从云里雾中走来的
你青嫩鲜活的生命
你芳香美丽的身段
突然遭受高温的烘焙
不得不卷曲了又卷曲
却卷曲成另一种蓄势
被囚禁在你身段里的
那不死的灵魂
在你身段里跃跃欲试
是热情奔放的开水
奋力打开了你
让你重又展示出自己
并把你的灵魂也拯救了出来
然后充满温情地
把你的灵魂
送入到求贤若渴的人体内

你的解放了的灵魂
没有辜负开水的拯救
表现得异常活跃
在人的体内大显身手
不停地给人激发起生活激情

让人闯过了一道又一道难关
因而你成为了人不可缺少的
得力助手

张太成，居安徽，作品散见《人民文学》《诗刊》等，入选多种选本，获
奖多次。

碍嘉古镇

黎大杰

在碍嘉，我时常误将古镇边上的梯田
当成一层一层的气浪
由此，我就认定碍嘉古镇是从天外搬来

碍嘉的霞光真美
一片一片地落下来
落在云端，落在田地里，落在时光中
古镇的斑驳可以悬浮在一片云彩上

那么多的马帮走过去了
那么多的茶道还在，那么多的铃声还在
只有阳光是新的，一天一换
古镇如一枚繁体字，时不时让我们漏读几画
我一直想从残破的墙砖上翻找罗仰锜
或者是幽深的巷口遭遇罗仰锜
可我拦了无数的人问，都没有人认识
唉，应该是有很多人认不了罗仰锜了
或许他此时正躲在古镇某块青石板下，仰天长叹

我是追逐一缕困在石头之城的阳光而来的
碍嘉古镇有着神一样的住所
每天，我都会在每一块石头的缝隙中祈祷

我要把我内心的庙宇建造在坚硬之上
我要让我的辽阔，连通天上的彩虹

黎大杰，四川人，《凤垭山》主编，作品见《诗刊》《人民日报》等，有诗集《阳光之上》等，多次获奖。

等你，在查姆湖畔

苏 燕

你来，或者不来，我都会等在这里，静静地绽放着，绝世的美丽，和芬芳。

——题记

1

将所有的筋骨抽出来
放在清澈的湖水中，浸泡
不沾一点污垢
将多年的心思抽出来
挂在情人桥上
晾晒，风干
不带一丝杂念

2

春天就开成一朵一朵的芬芳
夏天就同万物一起舞蹈
秋风过后
所有的思念和牵挂
都已尘埃落定
那些站酸了脖颈的期盼

纷纷投入湖边的泥土
等着和你一起
经历刻骨铭心的爱恋
即便风霜吹过，冰雪压过
这颗心
依旧，一往情深
这个人
依旧，纯洁如初

3

碧波盈盈的湖水
日夜荡漾着，对你的激情
湖边的杨柳，依偎着无限温柔
那间缘定三生的小屋
就筑在桥头
屋内
密架山猪的后腿
双柏山羊的肋骨
在烧烤架上冒着浓香
茶壶里酝酿着白竹山茶的馨香
酿制彝家米酒的瓦岗
整日整夜地
激情荡漾
你爱的那个人啊
脸上飞着红云
心中，一只年轻的小鹿
正奔跑在通往幸福的路上

苏燕，女，双柏县人，1972 年生，作品见《人民文学》《人民日报》《诗刊》《诗选刊》等，现在双柏县人大常委会工作。

哀牢山东边的月亮

向 迅

她在我黑色的头顶行走，在闪着银色波光的
梯田里行走，在深渊般的狗吠声里行走
山中的石头因此比白天更加安静
它们坐在风口上，青苔在它们的脸颊上
像往事一样生长。聚拢到叶尖上的水珠
拧亮了晶莹剔透的梦想
而大江大河在山的那一边流淌

这里是滇中腹地。我在双柏县的地界上
眺望哀牢山的月亮。她在熊熊燃烧的篝火上方跳跃
在彝族姑娘的发梢上游荡
在老祖母的皱纹里发光
那些古老的舞蹈，因此更加古老
那些发自肺腑的歌声，更像是来自祖先的喉咙
地上有多白，他们的笑容就有多白

这个夜晚，我坐在一位老者的旁边
听他讲述像太阳一样辉煌的创世史诗
像月光和冬天的大雪一样
落满寨子的往事。昼夜不息的篝火
如怒放的马缨花，照耀着每一张红通通的脸庞
孩子们终于在父亲的怀抱里睡着了

遍地的月光，闪烁着时间永恒的光芒

有那么一瞬间，我忽然发现哀牢山脉如观众
在更远的地方围坐在我们身边
整个世界都围坐在我们身边
我还注意到，天上的星子
近得就像是邻居家的一扇窗户
不知道为什么，我总觉得这个晚上的月亮
要比过去的那些月亮都要亮一些

向迅，土家族，"80后"，湖北人，居南京。中国作协会员。作品见《人民文学》《青年文学》《北京文学》《民族文学》《诗刊》等，出版诗集《谁还能衣锦还乡》等。获"红高粱"诗歌奖等若干。

查姆歌

林建红

有一种存在来自于古老的彝文
有一种文明来自于赛依列神秘的光焰
她的结论是：黑暗中没有你想要的真相
只有未知的真理给出的生活史
被激活的儿依得罗娃给出的造人史
隐遁的经卷给出的民族编年史
什么都会消逝，什么也都会永存
从天地鸿蒙到茹毛饮血
从刀耕火种到"拉文"时代
我一直穿越在这种历久弥新的气息之中
一直在想象我的女神们
以怎样一种创造能量的初始物质
煮活了一锅宇宙之汤

人生过于平凡，时间往往会坍塌得一塌糊涂
星子会忘记它的光芒，走兽会萎缩它的四肢
所以宿命里的劫数，有时也是敫兵
可以学会怵惕、反省
学会拔除心头更多肥美的毒草
所以从血液中透析出的物质
往往也有着甘撞南墙的迷途
把异类当作同类的错觉
但人类最终的心脏，还是跳动在了
这片富裕而阳光的热土之上

我借此深信鱼有鱼的深渊，鸟有鸟的天堂
那些曾经蒙垢的人，是非不分的人
那些用伤害面对那些本应感恩的人
也借此拥有了从混沌到觉知的能力
拥有了和万物共同栖息、生长的福报
一如盘古孵化出的宇宙
罗塔纪用四瓢水洗出"独眼人"的初心
史慕魁用火造出的人性之光

至少，彝人们用这部史诗
发出了一种带着宗教色彩的指令和脉冲
让一个民族有了世袭的香火和灵魂
让物质有了一种可以吞吐日月的精神和家园
而我的体验恰好相反：先是和一个民族相遇
然后在一部史诗里死上一回

直到祖先的荣耀给出大地之母
直到彝语破壳而出，蛋皮和蛋黄分野于天地
直到时间之光沿着它庞大的未知数
在第一现场照亮了我们不断延伸的智能
我才又重新醒来，复活
生命之门重新为我通关渡河，载誉归来

其下，是如画江山领着她的彝民
一页页更新着日历，厚土积淀为沉香
其上，是"查姆"带着造物之主
在向浩瀚星空，也在向我作深情的召唤

林建红，1968 年生，作品见《人民文学》《诗刊》等，现在浙江省兰溪市文联工作。

雨中游查姆湖

李昀璐

满耳都是
星辰落水的声音
它们寄生于天边的断崖，忘记自己
是千千万万的复制品
往返人间，千里只有一寸

时辰还在路上
开遍了桃花、樱花
碧涛里淌着的春风，又
催开一湖水花
我困于湖边闲亭
心里的猛虎走出来
低头打捞星光

李昀璐，女，1995 年生，云南楚雄人，毕业于山东师大。作品见《人民文学》《诗刊》等。

碍嘉古镇

潘新日

在哀牢山，燃烧的陨石，用千年的修行在冥化的叶尖
念咒，指点迷津，鸟声是历史深处的梯田渐次发酵
开街节刚过，我看见巫师一样的符节
在镇压土夷的碑前繁衍，土司的封地
长满方言

在礼社江，口传的史诗沿着江水流淌
查姆还在演义，野兽们不过是大山的陪衬
齐苏书缄默不语时，民间还在流传逃亡的留白
茶马古道拐远了，艺人的唱腔像是掉了色的月光

碍嘉古镇，线装书里滴着雨水的挑檐界碑
汉字在黝黑的墨上行船，摸奶节不再流行
那只鸟脱去风尘，为淳朴的民风掌灯
天晴时，包谷饱满
腌制的民俗像是灰瓦上的青苔
在木制的小格子窗棂前垒起玉米楼
大红山此起彼伏，守候着炒茶人的俚语
白竹春修炼成精，腰里拴着闪电
树上的闷雷，端坐在发黄的词里
被棕色的马驮回

哀牢山，即便一千个牢字

也关不住碧螺春的香，大山里最敦厚的茶字

在地图上闪耀，那些老掉牙的瓷

把古镇散落的小人物，养成茶室里的茗香

一切都不说了

我歇脚的地方开满鲜花，而古镇的夕阳

已经老迈不堪，伴着我粗布衣服上的烟味

和谷花鱼一起游离在杜撰过的风景里

白裙子如雪，那一点痛

让古镇在生动的句子里，被熟透的庄稼

带进淋满雨的背影里

潘新日，"60后"，河南人，《奔流》杂志编辑。作品见《诗刊》《莽原》《百花园》《人民日报》等，出版文集多部。

第三辑　双柏查姆杯·旧体诗获奖作品展

双柏赋

王庆绪

揽秀琼林，崇文双柏。峰列锦奇，地生华彩。民殷国富，毓坤舆之兴荣；物炳象丰，载春秋之雄迈。星辉夜朗，标峻节于九苍；露润晨熙，蠹丰姿于一带。天光皓皓，林岳排于长空，山势巍巍，花火燃于沟脉。襟抱纵于九洲，文光施与四海。四时花艳，蔚然九宇云霞；一窗月明，绝胜五原天籁。

观夫双柏，地处哀牢之东麓，位在楚雄之正南。当三地之交界，纳两江之波澜。东毗易门禄丰，天高地厚；西壤景东镇沅，水碧天蓝。弥望远揽，林苍苍而不乱；逐遐就迩，云袅袅而升岚。养空灵于悬水，吞日月于远山。物语满坡，萤火夜飞而逗趣；藤条垂地，杂花晨绽而绕潭。老木虬枝，鉴松衫之久远；梯田茶树，铺版画于眼前。暮色清溪，喧玲玲之脆响；朝暾修竹，摇秀秀之娟妍。湿气涵森，养怡人之气候；和风蔚野，扶绕雾之峰峦。

夫天既眷于斯域，景必秀于山川。究双柏之躔，文显而景煜，绿肆而红燃。峰俊岭奇，地峥嵘而结脉；山清水秀，树蓊郁而不单。南北贯通，史有商贾络绎之盛；东西交汇，今呈山水联袂之繁。白竹山中，竹笋簇拥而肥硕；绿汁江里，锦鲤成群而悠闲。观水景之熙融，胸怀浒荡；沐岚风之舒爽，意绪翩跹。若夫运棹拏舟，绕芳菲以逐浪；穿林打叶，享生态而掬涟。其水哉，虽无银汉之奇，托一境之幽梦；其山哉，不比峨眉之丽，载三春之秀颜。茶马古道，驮载千秋之盛业；碍嘉古镇，涵包九宇之博渊。

至于双柏人文，堪乃典故如云。彝族"根谱"《赛玻嫫》，名驰海外；彝文药典《齐苏书》，传录寨村。史诗《查姆》，堪创世之佳作；传统舞蹈，乃古傩之遗珍。一朝申遗，蜚声海外；百年传诵，和韵经纶。尔其燃篝火以起舞，祭火神而崇听。画虎纹而祝捷，盼五谷而丰登。祈雨祷天，聚于象鼻；求甘拜水，跳于龙笙。更有白竹银毫，芽尖而香郁；云雾龙爪，叶碧而汤清。新街鸡，酥香而脆嫩；谷花鱼，味美而汤澄。

吁嚱，今逢盛世，九垓拢祥。生态文明，双柏耀光。通脉山川，广植桐以引凤；点睛时代，更循胜而铺章。惠民生，荡清风于碧水；谋义利，鼎高节于美疆。于是雄心立，虎翼张。胆气盛，鹰姿翔。游目骋怀，天戟画山川之卷；雕弓会挽，巨擘指星月之芒。

王庆绪，安徽淮南人，已发表作品百余万字，多次被报刊转载，已获100多次征文奖。

贺新郎·白竹山顶听笙学舞

高银交

人与春山恋。路迢迢、林深杳杳，远笙频转。心事无根随风去，飘落天涯彼岸。岁月里，毕摩占愿。客过彝家应注定，趁青春、纵意红尘远。将进酒，盘龙焰。

青山易与情相隽。鹊声稀、泉声细细，乐声轻劝。无际和风知人意，才把浮云梳散。兴尽处、天长日短。飞吻马缨妆翠羽，秀竹奢、醉舞青衣乱。心寂了，又牵绊。

高银交，现居北京，《子曰》诗社会员，全国诗词楹联赛事百强，著有《乱世》等。

浪淘沙·漫步查姆湖岸

李恒生

岸上晚风轻，碧树丛生。游鱼跃起探春声。行至湖堤情未尽，侧耳倾听。碧水也多情，勾引阶灯。并肩月下小闲亭。多少柔肠和梦诉，直到深更。

李恒生，作品见《诗刊》《中华诗词》《中华辞赋》等，多次获奖，现在楚雄市移民局工作。

白竹山访友

高怀柱

看云听雨到山村，忽觉身为世外人。

墙外莺飞摇竹影，堂前犬戏染花尘。

新茶入口心生爽，老酒沾唇话有神。

为道桑麻忘天晚，何时月色已盈门？

高怀柱，1954年生，山东莘县人，作品见《诗刊》《中华诗词》等，著有《河畔吟草》《桃园集》等。

临江仙·彝乡双柏

邱道美

秀水奇山形胜地，滇中气韵芬芳。芦笙几度醉斜阳？倾情燃火把，煮酒话农桑。

百族同心铺画稿，勾描别样风光。传奇故事好绵长。一帘家国梦，百里水云乡。

邱道美，1962年生，现居广州。爱好诗词、楹联，获奖40余次。

双柏彝族火把节

孙金山

六月星回拜火神，三牲祭品案中陈。
盛装美舞光华耀，入目烟霞气色新。
俎酒香传佳世景，江山绿醉太平人。
彝家儿女多才艺，处处笙歌已忘尘。

孙金山，1982 年生，山东胶州人。作品见报纸、杂志、网络等，《诗歌周刊》编辑。

彝乡赏白竹山千亩茶园品云雾茶

汤俊峰

山园敛黛峨，饮露绿从坡。
雉守浮尘少，鹧飞乳雾多。
香尖春雪滚，佳气晓云过。
谁共卢仝醉，茶歌当酒歌。

汤俊峰，江苏《通州日报》主任编辑，著有散文集《老园》《白云深处》等。

游白竹山

吕　婷

山斋含自足，深隐澹无邻。
丘壑云何补，溪声杖更频。
林泉空得主，松月甑生尘。
仙洞苍烟淡，青芽露色新。
茗花甘熟虑，一榻独闲身。
劲节敲天籁，知音第几人。

吕婷，"90后"，现居重庆，诗词爱好者。

游查姆湖公园

戴荣春

（一）

地静风清韵味浓，花香鸟啭草葱葱。
林园处处皆成画，客醉青山绿水中。

（二）

十里澄波泛淡烟，岸边翠柳影娟娟。
亭中小坐无尘念，疑是瑶池落九天。

戴荣春，双柏县人，1951 年生，小学高级教师退休，喜欢戏剧、古体诗，文字见《楚雄日报》等。

虎乡赋

胡云辉

滇中秘境，明珠奥藏，钟灵毓秀，举世罕双。中有沃土，遗自洪荒，其间物产丰饶，风光如画，境内先民以彝为昌。其族天性淳朴而勤劳善良，探其源流，乃古之氏羌。风俗崇虎，有要事必祈"虎神"以求安。向者庄蹻出楚，催征鼓以拓疆域；西汉设治，沐王化而归上邦。从此星辰北拱，置府衙而称双柏；民族和睦，仰图腾而谓"虎乡"。

其境辽阔，纵横四千余平方公里，北连威楚，南界水塘。东望省垣，通直达而便捷；西枕哀牢，瞻逶迤而苍茫。山势嵯峨，耸千峰以竞秀；水源丰沛，汇三江而流湍。迢递关山，曾经茶马风云集散；斑驳蹄印，见证古道岁月沧桑。天目远纵，观终年之碧翠；逸兴潇洒，赏四时之芬芳。猱攀古树，紫藤绝而惊骇；鸟舞高枝，山果落而垂响。甸草肥美，随它獐嬉鹿戏；崖松苍劲，一任鹰栖鹤翔。植被丰兮水碧，烟光薄兮天蓝。花灿灿兮耀彩，日朗朗兮飞光。风清月白，芸窗梦好；云蒸霞蔚，阆苑春长。览山川于一色，骋遐想于八荒。瑞气升腾，太古峰仙翁高卧；云山缥缈，玄英洞仙音妙弹。果然山飘神韵物华美，陌散风流草木香。

地处一区，百十丈迥异峰谷；山分四季，同一时骤变炎凉。登高及远，仰天风之浩浩；临深履谷，俯玉水之汤汤。河谷溽暑，植热作可使富至；高山寒冷，种林果能使家宽。紫铜藏诸马龙，白银产自石羊。核桃优在碍嘉，稻米甲于大庄。雨龙酒与天同醉，邦三糖万口交彰。茶园千顷，品白竹兮著美；轻风一缕，送妥甸兮酱香。"土特"质优，随行就市任意挑选；"时鲜"味美，延年益寿尽兴品尝。秀比西子，查姆湖波光水影；美若天仙，老黑山云鬟雾鬓。虎笙曼妙，邀宾客兮共舞；弦歌悠扬，偕胜友兮同欢。紫气清华，激诗情以澎湃；锦天绣地，妒丹青而怀想。确乎滇中胜境；实乃人间天堂！

至于历朝累代，虽迭遭兵灾匪祸，屡逢墨吏贪官，然励精图治亦代不乏人。譬如广宣教化，宏扬儒学，罗使君为生民立命；屯田经武，枕戈待旦，李将军保百姓平安。体恤民瘼，周县令开笼释鹊；反抗压迫，李文学举义揭竿。石碑山前花似海；那氏英名史载传。更有解放春雷震，历史谱写新篇章。

于是乎，得红日兮朗照，庆人民兮身翻。随改革兮催马，乘东风兮扬帆。收云集雨，成高湖以造电；披荆斩棘，拓市场以资商。群山献宝，创一县之兴盛；万方辐辏，启百业之隆昌。刨穷根兮协力；筑富路兮小康。开风气于当世，奔前程于远方。展修翎兮高举，驾长风兮翱翔。城乡一体，重民生以促和谐；经济多元，栽梧桐而引凤凰。自然资源充分利用；民族文化大力宏扬。凭机遇兮崛起；借地利兮富强。噫嘻，美乎妙哉！天公馈我乐土，人文壮我虎乡。

胡云辉，双柏县人，双柏一中退休教师，云南省诗词学会会员、中华辞赋社会员，作品见《中华诗词》《中华辞赋》等。

哀牢山赋

张翠珍

鼎镟釜之形势，崇煜耀之人文。标九天之峻节，摩四野之晴云。北起楚雄，南抵绿春。拱两江而分水，拽云岭而延伸。暮色星辉，烟岚起于腰际；朝暾曦日，祥瑞被于周身。养空灵于悬水，递季序于繁森。萤火夜飞，声籁披于草野；藤条空探，爽风拂于林荫。老木苍岩，鉴青葱于久远；陡坡峭壁，藏古朴于当今。

哀牢山哉，势延云岭，脉贯滇心。"哀"为酒之气，"牢"谐"醪"之音。古有方国居住，《汉书》证为"种人"。经岁月之淘洗，其姿愈丽；历乾坤之运转，其色弥新。

百十里绵延，一匹锦缎；千余里铺展，数代安澜。雄踞滇域，镇守边关。飞华光于四海，涵紫气于九天。古道流馨，借人文而蓄风；山坡翁绿，凭地利而扬藩。哈尼梯田，层层叠叠，为锥形而高耸，有气势磅礴之美；南恩瀑布，洋洋洒洒，呈银色而轰鸣，若诗情画意之篇。观其飞泻之姿，冰肌玉体，银铃珠帘。似巨龙之腾宇，若彩练之垂岩。更有《查姆》史诗，源究万物；古老茶树，龄逾百年。

若夫究哀牢之躔，成于河流之下切，起于地面之抬升。阻冷风之南下，增湿度之润丰。漫步山间，气清新而景邵，石嶙峋而怪生。泉流于狭隙，云逸于高亭。月恍于涧水，竹瘦于林风。带谱完整，植被葱茏。翠柏伸盘曲之虬枝，谷涧飞苍健之雄鹰。松鼠斑羚，悠闲于水畔；金猫云豹，灵动于草丛。长臂猿善枝头垂挂，短尾猴若梢上飞蟒。睹其沟壑纵横，胸怀大韵；赏其云霞绚烂，笔状鸿蒙。

至于戡乱功臣，李毓芳诰封云骑尉；傍山建筑，土司府内藏大文章。旦暮晨昏，猿啼生静；春秋冬夏，鸟哜成商。至于麂奔林下，鹿跳山冈。青苔石布，老藤垂长。铁杉挺入云之干，候鸟聚温暖之乡。景不逊瑶池之色，文直追北斗之光。

吁嚱！哀牢山哉，淑气所生，得玄黄交泰之美；休徵攸聚，集天地相合之祥。今逢盛世，九垓笼煌。斗锦裁霞，幸乎爽风怡荡；舒条织密，福兮嘉木翕张。当桓拔苍荫，采星辉于银汉；聿修德业，布福祉于仙疆。对景当歌，需开来而继往；凌峰凯唱，更祝捷而流觞。

张翠珍，安徽人，1965 年生，作品多次获奖、发表。

第四辑　第五届查姆诗会作品展

双柏哀牢山

李长平

一

在悬崖峭壁边缘

没有绝望没有恐惧

这五彩岩

当地老百姓叫天堂崖

每年的春末

风把一山一山的马缨花山茶花

杜鹃花

送到崖底

就有痴迷的人来练习飞翔

过去谷底河水湍急

他们在飘流中唱着歌到达想去

的远方

如今水涸草盛

飞翔而下的人儿都被花草覆盖

悬崖的高度依然如此，没有

丝毫改变

当地毕摩神秘地说，崖底的下面

也有星辰

二

一名女科学家

到哀牢山腹地考察

她进入了渴求已久的王国

忘情地呼喊着狂奔着

像母亲呼唤孩子：黑冠长臂猿，袖珍

金丝猴，绿孔雀，哀牢苏铁，桫椤……

她泪流满面御风而行

消失在千里彝山

夜幕降临，不知她在哪个宫殿

草清树明，找不到她的踪影

3天后，她出现在一个山寨里

容光焕发地向人们展示她的

录像和照片

在隐隐约约的几张照片面前

村民们跪地磕头

那是仙人在指路

土主在赐食

三

这里的老虎伸手推动了地球

这里的花开花谢有如潮涨潮落

哀牢山，这个醉鬼聚集的地方

哀牢山，这个老虎和荞妹

成家的地方

那些恣意的瀑布挂在前川

那些梦幻的彩霞落在山间

那块天外来石

惊扰了它的沉梦

有人把160年前那场杀戮藏在了

阿乖佬里

暮雨逐孤月

鸿声立斜阳

圣洁的乳房关上了鬼狱之门

四

这双手推动着哀牢山的摇篮

绣花的手也弹得一手好琴

他们抱着四弦琴把石碑山弹得

石飞花舞

把绿汁江弹得如笑如泣

他们拣拾着遗落山间的电火惊雷

在草纸上落下与鬼神相通的符号

谁的歌喉从山顶直跌深谷

谁的呐喊一跃而起刺破了苍穹

夏天即将结束

秋天还没到来

我是那么的平庸

李长平，云南禄丰人，1969 年生，现在双柏县委工作。中国作协会员。作品见《人民文学》《人民日报》《诗刊》《中国作家》《十月》《诗选刊》《北京文学》等，著有诗集《与一座山喝酒》、散文集《人生山水》等。作品多次获奖。

在双柏喝白竹山茶（外二首）

许文舟

我已习惯于杯中看你
睡意惺忪伸展细腰以占有的
角度送入唇齿
有时还会拎着千刀万断的雨水
去道观或寺院
杯子是所有茶叶的归处
就像茶水最终都流向日子

我把白竹山那么多长夜
喝得精光，同时把那么多查姆湖的清晨
喝得兴味盎然直到你被山间的水
泡得似是而非，那天
有雨，下得极为潦草
有风，吹得三心二意
一群茶友，端看，默想，猜度
户籍、纬度、海拔、温差
不管有没有纤指舞蹈，仙人超度

对视。我却拿不出像样的祷词
证明相遇，并非急于扑灭
渴意与焦烦。这一晚
回甘消魂，香息延伸

一群人拍拍胸脯
胸无大志，也没心怀鬼胎
白竹山茶不允许
任性

去双柏乡间

总得有几首诗，交给查姆诗会
让内心冰冷的想法，遇见老虎
我深知佩剑不如揣几张银行卡管事
骑马没有宝马安全
但我还是想手握马鞯，不与青风挤道
最好带把刀，弯腰割草
双柏的春天，桃花妖娆

要摆三天茶席，让每一只留守的鸟都有
三分钟的发言。牛就留在山上好了
我怕它突然指证那些关于它的诗歌
轻薄得无聊。正八位留给青草

拴好马，就不打算返程了
野果充饥，松风修容
山径两脚踩下，管它属于几路
独钓费时无需呈上破绽百出的假条
扔一把玉米在火中开花，栽种铁皮石斛
不管蜻蜓如何交媾
裁片月光练习人之初

等我醒来查姆湖已有红日托出

那些晨练的人
正把生活变成舞步

在双柏

我不像某些诗人，专爱在暮色时分
去敲石壕村的柴门
我要在大白天，虽然我两手空空
却带了一身阳光进去

如果阳光不愿跟我
就请树叶下的大风
才有借口让苏瞬生
拿出珍藏版的好酒
为我洗尘
如果没有大风
我就带一身尘土
我活像个农民
才好意思坐在苏瞬生面前
说起今年的丰收

许文舟，"60后"，临沧凤庆人，中国作协会员，著有《在城里遥望故乡》《云南大地》《高原之上》等。

双虎寨纪事（组诗）

普光泉

乡愁，种植一树袅袅炊烟

终于，这腊月的风
跳出想象，把双虎寨
吹到我眼前。与小米会面，再出发
从松坪子起，向鹰的居所一点点上升，
树木稀少，坡斜，草枯。那些人步履匆匆
我左顾右盼这个时代，发现
并且记住一些新鲜事物

高峡，湖平，风静
一汪蓝色的水，粼粼波光
高山之巅，小巧草甸
感觉一马平川。三男二女，土著都老了
废墟那边，徒步沧桑的人
慢吞吞走远。我独在西边，想把一块黑石头
坐成浓厚的夕阳。在俗世看戏，蛮王的婚礼
野气里富有豪情，他那"洞穴"的宫殿
焕发生机。白的黑的羊们
低头吃草，并不理会一个诗人的到来
想象的马群，奔腾天边。

虎虎生威，活蹦乱跳，
在这令远方向往的季节里，
一座座山冈，以翠绿
铺就温暖的睡眠。

一撮箕土豆烧熟了，
另外还煮着一锅呢。
在庞大的梦中，我们用古老的乡愁
执着地种植一树袅袅炊烟。

在哪里？

我在另一支山
唱另一支歌
这是养生福地双柏，
另外的风景扑面而来。
石头是轻的
琳琅满目的石头
有着虎的骨架、姿势，
轻入我的灵魂与热血
只有鹰是重的，它们
成群结队出入，描绘天空的生机。

在我反复设计的双虎寨之巅
只有黄牛是慢的，它们过漫生活，
它们吃饱一片阳光。只有风是快的
一瞬间，把健壮的公牛
亲近异性的呢喃
泄密。起身时，山麓上那些

一辈子没有树高的草
努力站起来，挥舞干净的手
欣然向我作别。

避灾路线

往左两处，中部是山腰，
上部是山顶。往右一处，
山的另外一面，偏高，
是另外一种可能，
令人生充满未知。

现在过活之处，不是桑田
但曾经是沧海，有着鱼与贝
叹息的化石。水草栩栩如生

中心，是双虎寨彝族村四社
十几户人家。炊烟平静
箭头的指向冷冷清清
煮一顿饭我们吃，让我们有力气爬山。
他们说，鸡是跑山鸡
猪是包谷猪。混煮，八成熟
加入青白苦菜。人间美味
即便突然变化，跑不了多远
也不遗憾。往左往右自己选择
都差不多，只是一面向阳
一面背阴。

幻象 2020，双虎寨之秋

这个秋天寒冷异常。回想太阳
往年此季的温暖，时光流淌
已有冰封的迹象。向前看
夜，整夜没有理想，第二天我们
依然没有理想，我们相拥而眠
压根儿不想起床。理想啊多么高尚
理想的花簇在昨夜的梦中绽放
这个异常的秋天，北方雾霾丛生
中午了，也不想起床，小木屋的外面
没有雾霾，那棵高高樱花树
定会开放。我在等你。起床后，
先解决柴米油盐的日常，然后
我会站成另一棵树的模样

传统方式

传统方式没啥不好，我觉得
（这或许是我的偏爱吧）
你尽管用电脑吧，我还是得用我的笔
刚刚买回纸。我竖着誊写
如前面誊写的那本《心经》，
一撇一捺
一列又一列，笔行纸上
自我锻炼，自我陶醉
像完成一次自驾游。重要的
是心态，是历经的过程

仿佛见到许多风景。然后
变得轻松自在，
这次，栖息双虎寨
我誊写的是《蚰蜒传》。

普光泉，彝族，《攀枝花文学》编辑。作品见《萌芽》《民族文学》《青年文学》等。

爱尼山访白牡丹花

李昀璐

四弦歌

四弦琴声响起，桃花一朵朵
在夜里次第开放
弹琴的老人闭着眼睛
拨着弦。弦上
有山水烟霞，有活人和死人
悄然来临又慢慢走远
——琴声戛然而止时
我回头看
落到地上的桃花
又纷纷回到了树桠

安龙堡听花鼓

鼓声点亮了灯光
安龙堡的夜晚是敲出来的
星星，都藏着涣散的魂

在鼓声和舞蹈里迷路
鬼魅破土而出，在我体内晃来晃去

有人把鼓锤塞到我的手上
对我耳语："你即使丢了魂魄
丢了半边月亮
丢了我送的高山杜鹃
也不要撒手，把这个夜晚丢了"

夜深了，人烟散尽
花鼓沉默如石，我静坐在上面
心脏还在咚咚咚地
响着

爱尼山访白牡丹花

爱尼山上
开了花的牡丹只有一指高
没有开花的
比任何一株野草，更野

没有人在场的春天，天遥地远
开花、落叶，都有尊严
不会被惊扰

路经此地，无需费心分辨
牡丹和芍药开花的区别
牡丹性寒，清热，入药微苦
白色的花，比任何一场
雪，更孤单，更弱小

赏花时

我们打赌猜
这里有多少朵花

一树海棠春光无限
你独将我
数了一遍又一遍

传　承

李云川

一张白纸

追逐恋人的幻觉

包不住的星光

留在夜幕下

清理堆积的往事

再放回岁月里提炼消化

我在查姆湖旁

触碰到一个季节

夕阳浮在半空

水面缀满着晚霞

一个民族的传说

在这里聚会

听诗意的童音朗诵

看长廊中的情侣悠然

《离骚》《弟子规》的精髓

像游动捕食的蚂蚁

抓住可用的猎物

仔细地吞咽

沿途初放的木棉花

像穿短裙的女孩

拽着宁静

把灵动的眼睛拉近

哀牢山绿汁江李方村虎文化

像史诗般的神祇牵魂

深绿色的树影

如同水底的沙石

将时间的背景

打捞上岸

裂开的堤坝

如奔腾的野马

穿过春天的牧场

把撒满种子的良田灌溉

爆竹礼花声

让伊甸的家园热闹多彩

年轻的后生背着笑容

迎接风雨雷鸣闪电走向未来

泛爱众而亲仁有余力则学文

如满树花蕊

形成现代阳光

盘着枝尖流行自在

李云川，现居昆明，著有诗集《遗落的根》《多一点点》等。

爱上你，诗意的双柏（组诗）

凌　峰

等你

不需要你的邀约
花开的季节，我会来
牡丹桃花梨树下
雕刻时光

不在乎时间长短，只要守住底线
环湖一周，捋清世事
清水楼阁解散空虚寂寞
悠然独享的风景
不在乎朝朝暮暮
春暖花开时
回趟双柏，畅谈
诗歌或者将来的规划

爱上你，诗意的双柏

大山里的县城
幽静，彝族人的火把
点亮双柏的夜晚

跳舞是彝族人的天性
喝酒是彝族人的性格
来了，你就知道
不把酒干了，姑娘的手
不会牵着你舞蹈

羊汤锅好吃，少不了花椒和薄荷
端起碗，鲜美的味道
忘记了乡愁，花开了
诗
便是春天的语言

来了就安心留下，热情的土地
不会松开拥抱你的双手
在心里，在湖边
在长满诗意的双柏
撕碎玫瑰播种期待

花开的季节

三月，最美的时光
被大地收藏，双柏
彝族人的故乡，鼓掌欢呼
八方来客，去了，才知道
虎文化有多热闹
丰富、精彩、古朴、文明
书写彝家人的豪迈

绿色家园，被森林层层覆盖

山清，水秀，富足，快乐
每一步都充满诗意，你来
品一杯包谷酒，春的怀抱
将你热情接纳
花开了，你在哪里

约会

没有了玫瑰，我预约了春天
你来，我肯定会去
不用再提交情，只要记得
我和你，在双柏
有一场约会

冬雨中，你预约了查姆湖
春暖花开的季节，你
预约了虎文化
既然预订了邂逅，诗
便是无法更改的情话

莫非上苍注定，我和你
今生有缘，在查姆湖
遇见。若与诗无关
与人文无关，湖水中的倒影
怎么有你和我
相依

惬意的季节

无风，看不见浪花飞舞

安静的查姆湖边，画一个心
随季节的河流
放行

天空有多远，岸边
知道，一个喜欢自由的女子
可以不顾一切
即使海浪越过头顶
一样从容面对
只要将心中的忧伤
卸载
午睡可以放弃
年龄可以忘记
湖水漂泊了自己
惬意写满诗句

走了，还要来

我想再一次心跳，看一看
查姆湖和虎文化
歌声里舞蹈，古老的东西
超越了今生

欢呼的手臂拉紧奔跑的脚步
借一下你的纯真
编制一幅幅诗意的画卷
喜欢了就别离开
那就留下来，与诗意的双柏
同行

彝人的元素不仅仅是火把

抓一把阳光或者湖水

古朴深厚的民族

再一次将她接纳

期待

彝人的山寨，火的民族

植被毫无保留地覆盖大地

忙碌中充满希望

一代代耕耘，虎虎生威的彝族文化

燃烧诗意的春天

你来，我往

查姆湖像彝族女子的胸襟

将时光拥在怀里

双柏，点燃文学的火把

酒和茶，厚重的历史

挖掘彝族瑰宝

名家笔下推出新秀

阳光再一次奢侈地铺满

彝人的土地

诗意查姆湖

顺着双柏的广场

绕一圈，近距离地看一看

传说中的查姆湖

是否真的那么美

能否将我留下

有人穿过几个省来双柏领奖
看一看百分之八十的森林覆盖
看一看小小县城
一个查姆湖包容了彝族人的豪爽和实干
清凉纯净，装满彝家少女的情怀
包谷酒再纯，也有歇杯的时候
湖水清幽，一荡
醉在梦里

凌峰，姚安人，现居大理，作品见《边疆文学》《星星》诗刊等，出版诗集两部。

彝山行（组诗）

苏轼冰

在李方村祭拜山神

在白竹山下的李方村
一个神灵安身立命的地方
面对山神
我跪地祀祷

一叩头
万能的神啊
请清除我身上所有的污浊
让我重新回到初生时的纯洁
二叩头，三叩头
我依然默默祀祷
不敢有其他乞求

一生有多少次热血燃烧
又有多少过错无法追回
大半生为逐利忙忙碌碌
身心早已锈迹斑斑
面对眼前满目青翠的大山
其他真的别无所求

马缨花

阵阵清风　树树传情
白竹山中的马缨花
是无数的美人
穿着红的粉的白的黄的衣裙

在山顶　在箐边
她们笑得欢
开得热烈而凌乱
全是那样的随心所欲
仿佛所有的美丽都已抵达
一切的使命都已完成

花鼓舞

鼓声带着欢乐，也带着
隐约的似水柔情
仔细听，每一声
都有彝人之魂

深夜，在彝乡安龙堡
银河在天上奔流
星月在左右徘徊
一场花鼓舞跳破山村寂静
鼓，在大山里敲响
舞，随着鼓声起步
这是乡民们的自娱自乐

与节日无关

这种场面
在哀牢山下的双柏
几乎随处可见
谁也不会大惊小怪

敲着鼓，跳着舞
还有男人弹起四弦
还有女人唱起四句长腔
四弦为彝山独有
曾经跳到北京
四句长腔更是稀奇
声音忽而忧伤
忽而高亢、悠扬、欢快
被外界说成是天籁之音

其实，说什么彝人毫不在意
就像面对情人
总要拨动心弦
登上一座大山
总要向对面吼上两声
安龙堡的花鼓舞
鼓声欢快激昂
敲出彝人的精气神
舞步大开大合
随随意意
跳出彝山的神韵
跳出彝人生活万象

阿噻调

太阳像一枚巨大的金币
洒满金子的彝山
天空高远无比
云彩薄如蝉翼
彝人所在的家园
所有人都是山歌之王

在安龙堡的跳笙场上
歌声从四方八面涌来
彝山成了笙的世界
四弦舞，阿噻调
古老绵长，欢乐悠扬

那个演唱阿噻调的女子
声音无与伦比
先从高高的石碑山飘来
又从缓缓的绿汁江流远
那种声音
仿佛清风
仿佛流水
一曲曲直抵人的心灵
那是神曲
诉说的是查姆的源头
懂与不懂都不重要
天地从歌声中诞生
人类从歌声中走来

在她的歌声中
历史成了心曲
一切都能从中领悟

"三笙"

在人神共舞的彝山
我喜欢大山里飘来的歌
喜欢深箐里走出的舞
那种歌叫"调子"
那种舞叫"笙"

我的家乡双柏
祖先们世世代代在大山里生活
他们找不到走出大山的路
找不到上天的梯子
就发挥自己聪明的智慧
崇拜凶猛的老虎
创造了老虎笙
珍爱祖先的神锣
创造了大锣笙
喜欢机智勇敢的小豹子
创造了小豹子笙

舞蹈庄严，神圣
舞姿优美，肃穆
舞步自由，和谐
跳舞前祭天，祭地，祭神
舞蹈中犁田，栽种和收割

也有族人的历史和爱情的欢娱

我对家乡这种古朴的舞蹈
爱得真诚，甚至偏执
常常与别人争得面红耳赤
一直把它视为族血和根谱
看到"三笙"
我就像看到了久别的亲人
温暖和自豪油然而生

彝人三杯酒

"喜欢要喝，不喜欢要喝
管你喜欢不喜欢也要喝……"
那晚，在大麦地的绿汁江畔
彝人用母语
把这首歌唱得极其动情

在哀牢山下的双柏
这是一首人人能唱的歌
据说，在彝乡的广大地区
不少人都说是自己的歌
但只有双柏人
才真正能懂这首歌

彝家热情好客
不管熟悉不熟悉
见面一杯酒
碰着就有缘

彝人朴实真诚

不管成不成朋友

彼此一杯酒

弟兄情义真

彝家懂礼节

来有迎门酒

走有送别酒

有缘再相逢

一生有多少相逢

就有多少亲戚朋友

人间有多少欢乐

就有多少美酒

生活中有酸甜苦辣

脚底下也有长路和高山

不管是友情的酒

欢乐的美酒

还是生活的苦酒

都得自己品尝

欢乐、艰辛和磨难

都得乐观面对

三杯酒，喝出了彝人的血性

唱出了彝人的胸怀

在大岔河歇息

山绿如梦幻

水清澈透明

阳光亮如金子

鸟语伴着风声

一齐依着白云

轻轻从山那边走来

为静谧的群山弹奏

行走爱尼山

看满眼的绿波

体会通身的舒爽

观白云在山巅散步

听松涛阵阵

彼此交出生锈的肺

过早老化的心

使光阴落地

让幸福变得简单

世界上美的东西太多

幸福触手可及

在大岔河歇息

身心彼此放松

幸福像青草一样生长

走进草坝子

眼前的青青小草和翠绿的树木

那是大地母亲的衣服

山冈上艳丽的各色花朵

那是大地母亲爱美的点缀

飞翔的鸟儿和各种动物

那是大地母亲彼此相依的玩伴

山上到处奔涌的泉水

那是大地母亲青春四溢的乳汁

水库里碧波荡漾的春水

那是大地母亲的生命源泉

没有碧绿的草木作衣服

大地母亲就会害羞

没有一年四季的鲜花装饰

大地母亲的美丽就会大打折扣

没有少女的眼睛一样的绿水

大地母亲的容颜就会苍老

她有爱美的天性

喜欢自己绿色的衣服

喜欢四季盛开的花朵

喜欢奔流不息的流水

以前我们所有的家园

都像爱尼山的草坝子一样

山上有花草树木

地下有清泉畅流

是一些过分贪心的人

让大地母亲缺穿少衣

出现了丑陋的疤痕

让她失去了滋养容颜的乳汁

看着自己裸露的部分

大地母亲多么害羞啊

知道四季的鲜花越开越少

大地母亲多么忧伤啊

看着远去的鸟儿和逐渐稀少的动物

大地母亲多么寂寞啊
面对一天天枯竭的乳汁
大地母亲多么痛心啊
树活一层皮
人活一颗心
大地失去了皮
人心也活得不会坦然

爱尼山的中草药

无数的中草药埋在地下
隐身在密林间
也长在不少人心上
勤劳的人把它采回
洗净晒干
成了大自然馈赠的财富
精明的人把它采来
梳理调整后又植入大山
像庄稼一样伺候
让它成片地在林下生长

开春了，万物恢复生机
所有死去的叶子
又重新脱胎转世
那些成片成块的草药
不但长出新叶
还开出花朵
那些蓝的花、白的花、红的花
忘情地亲吻林下的土地

到了秋冬药物成熟的季节
枝枯叶褪
它外表的风景已完全荡尽
很多人却来了
他们大多是城里人
也有不少发达了的乡下人
来买原生态的各种补药
来美美地吃一顿药膳火锅
据说那些药能补男人也补女人
能消除体内的毒素
美丽容颜延缓衰老
能改善生理机能
解除疲乏强筋壮骨

森林密布的爱尼山
成了人们心中的一颗药
在心灵上不断放大奇迹和美好

龙田

龙田的历史老去了
几乎与茶马古道一起消失
那里现在长出的
除了庄稼、核桃和遍山的牛羊
就是朴实勤劳的大山子民

在那块厚实的土地上
有过大理国南迁的后人

有几次刀光血影中偷生的败兵

有无数南来北往的马锅头

在此安家入赘

改名换姓繁衍子子孙孙

龙田变成了独田

大山的主人

过去的早已入古

现在的南腔北调

五族杂居

房屋长新长高

街道拓宽扩长

居民新老掺半

从龙田到独田

故事版本年年变化

新老主人轮番替换

承受的除了历史的悲欢

更多是时代的春风春雨

只有多年不变的小街

才多少有一点歇马道的影子

马道山

马帮曾在此歇脚

跳茶的脚夫

曾在此留下过破损的篾帽

山涧深箐里，至今还传唱着

马锅头留下的那首情歌

世事沧桑

沿着马道远去的人

有的丢过钱物

有的丢过性命

有的穷困潦倒

有的发达显贵

多少风吹雨打

洗去的是咸汗

留下的是悲歌

我想去寻找当年的足迹

让一匹识途的老马

驮着我自由自在地远行

石碑山，我要还你一百次鼓掌（外一首）

肖华兴

与鹰提着天空盘旋

伴月堆砌鸟语花香的鼾梦

窥天象，操犁铧

颓废一岁光景，爱恋

储存你心跳的重量

就算你以巨龙匍匐的形态，沉默

我也要通过书写四季的叶脉，通过

黑蚁筑巢的执着

理清你灵魂的脉络

我欠你一个痴心爱人，

欠红石岩一段关于法念的传说，

欠法念河一滴晶莹剔透的眼泪

我欠石碑一首词谣，

欠烽台亡灵一曲过山情歌

欠古营盘一夜笙歌舞蹈

我从山外走来，还欠着山神老爷

一道通关牒文，一路的虔诚

我孤身进入马缨花的蕊，要用一树的红

将你愤怒的血液洗蓝，你奔腾的筋骨

我要借十里春风，还你一百次鼓掌

是我孕育诗心的广场，已落满

风情万种的景象

在一个彝族阿老俵家做客

第一道菜他上了清汤土鸡
第二道菜他上了汤锅羊肉
他上的第三道菜才是彝家特色主打菜
是新街风味回锅鸡
随后他依次上来的是油浸猪肉，牛干巴
油炸河虾米，手抄花生，炒豆角
凉拌黄瓜，和
一锅腊排骨煮的杂锅菜
满满一桌子一共十道菜，不含
水腌菜，酱米椒
和一人一大碗色香味诱人，温过的
自酿红玫瑰花酒

右侧，我紧挨着他还身板硬朗的老爹
吃着，喝着
他数起了自家家珍
种植的十二亩四分红玫瑰
亩产干花蕾可达两百斤
眼下八十元的市价
还未最终确定出手
五亩九分地的烤烟
烟叶已经全部出售入库
两万九千八百元的收入已存进自家账户
怀孕的六个母牛，今冬全部产仔后
存栏黄牛能凑够整数七十头，不含

已定价，单个两千五百元

暂未交割的四头仔牛

自家的生态林山上还放养着黑山羊

抛开不确定性的死亡，走失

十天半月收拢一次的估计数

不下于四百只

大大小小的土鸡，不计其数

还有看家的两条土狗

……

哇，财主啊

至少是富农

肖华兴，"60后"，双柏县人，云南省公安文联会员，有多篇文字发表，现在双柏县公安局工作。

查姆湖畔的约定（组诗）

苏　燕

祭虎

那个主宰彝州大地的神
端坐在我们头顶
万物匍匐在地

心脏，埋进哀牢山的腹地
牛羊猪鸡，五谷杂粮
在毕摩的指引下登上舞台

每一个灵魂，都必须接受考验

黄连的苦钻进骨髓
烧红的犁头
让疼痛结痂
羊皮鼓，声声敲打着游子的心
毕摩手摇铜铃
召唤迷失方向的孤魂

一部《查姆》古经
把我的前世今生召回

把你的今生前世召回

把所有的汗水和泪水召回

把所有彝人的脊梁骨

抽出来，放到白竹山丫口晾晒

不掺一丝杂质

把所有彝人的心肝肺腑

捧出来，摆在烧红的铁板上

不露一丝胆怯

女人都开成马缨花的绚烂

男人都站成哀牢山的伟岸

一曲阿噻调

婉转着前世今生的缠绵

今夜，我就是查姆湖边的

一棵树，一盏灯，一片叶，一瓣花

甚至，一缕清新的空气

要的就是

你的一次回眸

爱上

马缨花的娇艳爱上石碑山的坚贞

鲜嫩的春茶恋上白竹山的云雾

牡丹和芍药迷上爱尼山的林海

激情的"热萨拉"

让我们心手相连

爱上你把酒吟唱的微醺

爱上你眼中流露的深情

哀牢山的风
日夜不停地吹着
绿汁江的水
昼夜不停地淌着
懵懂的少年
怀揣一纸约定
在查姆湖边
站成一幅，黄叶飘零的秋

小心思

查姆湖边的花
说开就开了
对你的思念
说来就来
用不着激情拥抱
用不着伤心哭诉
一边流泪，一边捶打你的胸脯
已经是多年以前的情节
你我之间
一个眼神，就够决定今生来世的缘

赴约

春天的风有些浮躁
她总是把我的头发弄散
把我的心绪搅乱

追寻你的脚步

也变得有些焦急

完全不顾中年女人应该有的稳重

湖水清澈如镜

总是印出一张愁眉不展的脸

雷平阳的"等"①

是来自星空的陨石

海男的"情"②

是一颗致命毒药

你就站在桥的那头

明明知道无药可救

我也要踏上那座桥

因为除了这样

我已无法安放

漂泊多年的魂

---

① 著名诗人雷平阳在查姆湖情人桥头山石上题写的"等"字。
② 著名诗人海南在查姆湖情人桥头山石上题写的"情"字。

哀牢山的气息（外一首）

罗开映

哀牢山是云贵高原的丈夫
以粗犷豪放的性格
雄浑刚强的血性
赢得云贵高原温柔浪漫的心

雄鹰翱翔于蓝天
翅膀掠过山脊
羽毛上捎来一个远古的春天
在岩石凛冽的缝隙中成为永恒

四月，马缨花火红得像天边的云彩
那是彝族姑娘为神圣的爱情
用血液浸泡
染红的不屈灵魂

梯田从山脚摆放到山巅
拾级而上仿佛能到达阊门
它不在乎日升月落
而在乎山中的岚气和朝暮四时的雨滴

溪水潺湲
绕过森林与原野

牛羊沐着阳光悠闲地啃食草叶
牧人把族群古老的歌拉得幽深渺远

枕着礼舍江
重组李文学农民起义军的历史碎片
原来是一颗陨石落到碍嘉
被撞击破碎的一朵云

族群崇尚老虎
虎，成为族群的图腾
跳着小麦地冲世代相传的老虎笙
傩文化的活化石从哀牢山的血脉中奔涌而出

毕摩舌舔烧得通红的犁头
脚踩烈焰腾腾的炭火
用公鸡的血液祭奠神灵
保佑族群来年六畜兴旺，五谷丰登

我买来打磨箐酿的一壶包谷老酒
下着水塘的火烧干巴和戛洒的黄牛杂碎
迷糊中与刘伶畅谈人生
赋诗寄傲，放浪形骸
沿着茶马古道
追寻青石板上深深的马蹄印
下面埋藏着的是近一千四百年的大唐帝国
和一百多年前的大清王朝

风，没有航向
带着哀牢山的气息

从四面八方
漫走天涯

兴龙寺

冈峦起伏，山色苍茫
兴龙寺坐化于风雕雨琢的山隈间
微风吹过，树影婆娑
落英从枝头飘然跌入谷底
此外，一切都在隐逸
它秉持妥甸山城香客的虔诚
和三百六十五天的意愿
欲将福祉传递给善男信女

鹰掠过树梢
用翅膀丈量着
香客与佛心之间的距离
烟雾弥漫
神龛里的香灰积得像一层层冻土
佛醉眼蒙眬地注视着香客
香客却毫无保留地
将自己的灵魂交给了佛

石碑山下

张永慧

春风只刮了一次
你就豪放地笑了一季，马缨花
从柏家河到石碑山，热烈
是四季主打的颜色

纳苏婆只踏了一步
你就尽情地欢跳了一世，腰上的花鼓
从黎明到日落，豪放
是生活自带的舞步

四弦王子只眯眼一笑
你就弹不停彝乡的情，叶切比
从山旮旯到京都的台，潇洒
是原汁原味的追逐

只认识了三年
招来白云星月的青睐
拥有无与伦比的厚爱
围坐在火塘边，喝上一碗查姆泉
醉卧在彝乡
每道皱纹都是祖先的印迹

张永慧，女，云南禄丰人，文学爱好者，现在双柏县委组织部工作。

白竹山中的黄连木 （组诗）

超玉李

白竹山中的黄连木

毕摩用它祭祀，祈福
消灾除难
与那些清凉的参天古木，那些孤独
寂寞的黑土
终老

用它下酒
可清热解毒，去火
换得白竹林下，一片清凉

我，一个虾兵蟹将
命，比白竹山中
带三尖刺的黄连木，苦
却来此山，苦寻
属于我的解药

在青香树

这里，是滇中的黄土高原

这里，有黄土、灌木丛
这里，有来自绿汁江河谷地带
吹来的热风，和茅草中的青香树
那些缺水的百姓
半山坡，开着拖拉机的汉子
光着膀子，散热

高山之上，有水冬瓜树的地方
必有水
可这里有高山，却没有水冬瓜树啊

在安龙堡

堡里的土司
被长平电话遥控，第一式
用降龙十八掌
把小杯藏匿，换成大土碗
那豪情，想把云南最大的土司雷平阳
这个侠肝义胆的壮汉，喝趴下
动用了侍卫、衙役、近臣
想把帝都的少侠聂权
山西的石头，西域的疆主熊红久
情歌王子田冯太
小说老将胡性能
和我等，变成一个个老南瓜，从山顶
滚下山谷，咣当一声
粉身

第二招，堡里的一个个彝族少女

唱着阿噻调

舞着花鼓舞

甚至动用了八十五岁高龄的四弦王

想把来自皇城的女神付秀莹

岭南府的王妃杜绿绿

春城的蒙娜丽莎李悦春

倾城公主李昀璐，变成堡里的压寨夫人

我，一个伙夫

苏轼冰，一介马夫

在这个神龙出没的地方

在这个彝族酒鬼聚居的地方

也激动得，手舞足蹈

像服了，毕摩的一剂摇头药

压轴戏，半夜

一掌，击碎

对面石碑山上的月光

猎人辞

猎王，再次进哀牢山

茫茫雪地。三天后，被亲兄弟

像一个扛尸工

扛回山寨

他在岩洞，开枪打死了幼熊

而母熊，在一棵树后，从背后下手

母熊报仇，寻雪迹
一生不弃

嫂子成了兄弟媳妇
就像坟头，覆盖满雪的地方
一对茅芽，正在
新欢

掳黄蜂

树上的一窝窝葫芦包
胆占神灵，招摇过市
舞一颗带毒的针
树神全程庇佑

火把是搞劳黄蜂的神器
蜂不烧不旺
出门采食的公蜂
侥幸成为蜂王

发狠，报仇雪恨
它们产出更多攻击性极强的小蜂
继续筑巢，分泌更多的毒液
追击独角仙

哀牢山人
是火把闪过的慓悍
当火把举过头顶
让蜂先归巢吧，欣赏耀动的火花

爱尼山： 藏着我的初恋（组诗）

郭秀玲

法胰：李方村 · 老虎笙 · 大锣笙

这里的天空比城里宽和蓝
站在广场一角俯视，你
静静地顺山而枕
好团结的寨子
视线找不到一丝叹息
倒是游子回家的欲望遍及全身
燃烧，燃烧

一群老虎牵着我
从春耕到秋收，目光
敲响大锣
你手中微笑的音符
有一个是我

不仅仅是火把点燃
不仅仅是大锣敲响
不仅仅是老虎图腾
还有，一树马樱别样红
还有，还有，来了走了、走了又来的人们

为你写了好多诗篇

安龙堡：琴·鼓·舞·调

琴声从石碑山抖落
歌声在一衣褶皱中飞出
笑语很响
空气中的青草很香
我听到了
春天生长的声音
遂以静坐的姿势等待
用凝固的时间等待
一种由远方走来的美

鼓点敲响
点亮一种文明
弦声响起
流淌潺潺心事
歌声悠扬
穿越历史和大地
一个爱美
坚守传统文化的部落
打开一扇窗
安龙堡的每一道皱纹
便舒展了深度

唱起来了，跳起来了
这些快活的老乡
四弦王子微微地笑着

像阳光普照的一天
把遥远的光亮
流泻在周围的一切之上
这一天，我仿佛已经等待很久

石碑山跟着唱起来了
歌颂大地的诗章
像奔腾的河流
老掉的时光远去了
而现实，就在波光里
在眼前生动地站立

记得的，开始时，乐音响起来
惊动了彝乡的山水
来了，都来了
围拢来了
整个山腰都扭动起来
我看见碎金子般的油菜花
带出一身香气
醉了这山，这水
这彝乡人民的大团结呵

昨晚我一夜没睡，一直醒着
只因我听到声声
圆润而极富磁性的吟唱
今晚我一夜没睡，一直醒着
只因我还听到声声
圆润而极富磁性的吟唱

阿——噻——

大麦地：葡萄·陀螺·听《查姆》·篝火晚会

侧耳倾听你体内

挂念泥土的一句呢喃

恰似美酒入喉

作为女人

我同样爱上了你

接近满月般迷人的身体

风来风往

一大波绿色生命的歌唱

盖过这辽阔的海

转，转转转，转啊转

一只小小的陀螺

从小山村打到了大都市

见你这一转

我顿时生出了浑身的闯劲

见到方贵生老先生

感觉脚下的热土又神秘了一截

他说他不太会说汉话

而他的叙说里

一直有种远古的生命迹象

源源不断向我走来

我是这土地上的子民

本来就是

场地没有风，有高大的木棉，在江边
适合火苗生长
这沾着江水灵气的焰火
这朴素的脚下涌动的暖流
火光点亮双脚和十指
我们是今夜最明亮的北斗

爱尼山：藏着我的初恋

在这里，我确信：
至少有一剂中草药
是可以挽回早逝外婆性命的
茫茫林海中穿行
足以隔开人世的碎片与糟粕
一坡开与没开的白牡丹
醒了我的眼
三弦和芦笙响起处
藏着我的初恋

观彝族毕摩表演舔犁头

这个时候
彝家小灶酒的炽烈算什么
在你舌尖
有块犁头游过
烧红高鼻梁男人的每个日子
脚板踩踏的青烟
是彝山彝寨雕刻的一个镜头
你被众人捕捉

晒在网上
我独立于城市的喧嚣之外
留在大吃一惊里

虎山行（组诗）

许红军

虎山行

1

风无声，因流动而生像

水无形，因凝聚而成宽宥之海

我一寸丹心，茫然无顾

初夏的酥李，在六月不疾不徐中

终点般，与我圆环的起点相遇

夕照因丰满而枯萎

我用眼睛代替高处的采掠

那圆润的肉体

被建筑为更上一层的欲

像火焰，在冬眠时燃烧

我搂着春风的细腰

怀想她的笑盈零落成泥的样子

心尖有不明物体滑落

2

我以为我误解了尘世

方位明确套路统一

偶尔握刀挥斩暗色之河

铁锈爬满肌肤的卑怯

我把人世的哭声凌驾于大地的哲学之上

将风引入内屋，体温降低

水浸入茶叶，它们撑起暗黄世间的起落

更多时，那些水会从左心房的

郁结中，沉淀为泪珠

因此我心生恐惧

在与命理衔接的圆弧后方

将有更多纠缠

四季渊薮，掉单的人

他将李子误食

又种植了更多因果

3

脚下有青泥，守山的人

很少回家。即使对行程守口如瓶

他还是要绕很多弯路

"从前"有回溯

太多事回不到少年

那些匆匆逝去的人，来不及

被笔墨鲸吞便悄悄隐匿。而河流

在宽阔的夜中独自流失岁月之泪

绿叶入水，莲心的菩提不知所终

我无法叙述黑暗中那些风的鬼舞

以及大地的腹黑，甚至

许多善良的李子像母性的始终

生命般不容倒叙

4

"进山看到藤缠树，出山看到树缠藤"
被水分冲盈的花期我不再追赶
蜜蜂与蝴蝶的阴谋亦无力破解
作为造物者的误差
我吐纳的氧气更贴近心肺
我是我的桥梁
不对流水上方的情人做出评判
当然，起风后的那片海
因胁迫被噤声的人
早已被肉眼刺穿平静
他误解了每一个普通日落
那歪扭的松从和谐的衣袖跨出

5

没有人说清盲人手指上的迷信
失散的神在年轮深处相聚
我守着肉体的苦果
只为贯穿几个字的铜墙
风雨被今夏挂念着
穿花的蝴蝶守着一个季节的律动

6

面容困倦，向日葵的阴天
首先趋向避开闪电和雷光
走进深潭内部。爱需要一片海
包容尘粒。当小心脏的鱼
无法再用悲伤控制那些决绝、叛逃

坠入历史的暗洞。它们游向你
落雨的黄昏后，菜叶上的虫眼
拥有渺小，谦卑；并且不被涂改
我将用一朵花开的时间记住这永恒之像
它们没有伸手乞讨欲望
它们已经历过悲伤的夏天
它们失而复得且不被赞赏
无数次催生，无数次晒出骨骼
是风雨，制造出明镜里生长和衰老的顺序

7

我只能在安静的夜里怀有异心
我只有这样，才能将故事完整复写
并配上有血迹的文字
更多时，我为燃烧的未来化为尘埃
它们偶然的虚幻和真实
飘于阳光的裂谷之上
有无药可救的风逝
有时差上哭泣的雨滴
有父母戎马倥偬后丢弃的哑铃
还有雾中的后半生
我将从哪里追寻问号的踪影？

8

回到圆环。腿骨的直径收缩了
一些欲望被反复书写
一些欲望无法盖棺入土
渐渐老去的羞耻和尊严
被逐离和飞逝的物

击中要害

恐龙河泉

它们从恐龙河百米悬崖纵身一跃
因祸得福，顺着石羊江一路奔腾
最终住进了大湾水库的心里
有时候，悬空面对的深渊
不一定适合死亡
只要想得到的收获大于安慰
我喜欢它们宜静宜动，不加伪饰
不问下落，不寻求突破
把石头、枯叶、鱼虾、水草……
逐个爱一遍
如果它们穿过马致远的小桥
我愿是那岸边娶妻生子的农夫

过杜鹃岭

我期待生活能像镜子一样
照出我的灵魂和肉体
并能找到反面，找到脚步和时间的差距
我期待当我驾车行至漫水桥头
心却从杜鹃岭踱步回归
像初恋在九十年代的暗夹沟失散
烈日刚好被水面的风化解一样
小鹃飞上与花相聚的枝头
我期待只身行吟的这片山水风物
不被强行塞进相框，让它们看我

用眉间的词句描绘出苍老的模样
倘若有缘与扒蜂箱的大笨熊相遇
就能证明我是幸运的
我愿意向女儿说明蜜蜂的劳苦
以及独开的花被采摘的危险

石羊江

往上走，石羊江的曲线在扩张
如果越过河岸就能抵达楚雄
故乡又缩小了一点
我需要痛感来缓冲梦境的坡度
作为太河江的上游，它并不出名
但那些逐渐走失的旧人，对尘世的焦虑
在它的深度里沉睡
静默的水流将故事和人群融合，清洗
我也希望，红嘴的鸟儿对我放松警惕

不管河

远山上那俩仙游的白云
身体和灵魂那么轻
好似传说中的比翼鸟
不到三分钟便结合在一起
我背靠苍山学习隐身术
在这谁也不管的河边溜达
慢慢对产生的天涯心怀感恩
山河辽阔，我相信草木有慈悲
风雨有忧伤，鸟儿有豁达

分针走到 15 点 36 分

已经不适合一个故事开始

或者结束

许红军，彝族，1983 年生，双柏县人，作品见《边疆文学》《滇池》《大家》等，现在双柏县文学艺术中心工作，获第十三届《滇池》文学奖。

我眼中的双柏长大了

王汝宏

一

2017 年的查姆诗会，
我竟然以宾客身份，
回到了衣胞故乡双柏。
我把自己唱醉了，
用的是李方村的彝酒。
陕西诗人石头说，
双柏，一个活着的唐朝。
我说，我眼中的双柏，
长大了美丽了生态了哟！

二

少小离家三十年，
西装休闲服或职业服，
我最恋双柏的羊皮褂。
我生在虎乡白竹山下，
在母亲的肚子里，
我听着阿乖佬跳笙。
在狮子口大坝岸边，

我捕鱼摸虾嬉戏，
如今，它变成虎笙湖！

三

对于秘境双柏，
无论是彝祖爨蛮子，
还是古滇国的传说；
无论是孔明的不毛之地，
还是那个大土司李润之，
他被人们称为三老爹。
对于庙堂的正史，
或者江湖的野史，
我和历史均沾亲带故！

四

今夜，我在滇池边吃酒，
西伯利亚飞来的红嘴鸥，
盘旋在我彝人的酒碗里。
没错，是吃酒的碗，
俄罗斯人的红嘴鸥，
我在双柏民族班念海燕！
海燕或是红嘴鸥，
我举杯说一声，
朋友，欢迎到生态双柏！

五

哀牢山林海莽莽，

苍天，我如何报答哟？
老爹说靠山吃山，
当归，何首乌，
重楼，石斛子。
亲，别说我咒您吃药！
干巴菌，松蓉，
牛干菌，鸡枞，
亲，双柏童话醉死人哟！

六

火把越烧越旺，
虎酒越喝越甜。
阿佬老俵，跳笙去，
跳起塘灰做得药！
阿表妹，跳笙去，
跳笙跳到月亮落！
哦，我的双柏哟，
我的心脏和激情，
火把，再举高些吧！

七

在彝人的屋檐下，
毕摩经点亮我的心灯。
在鲜红的马缨花下，
彝家儿女找到了爱恋的心。
站在哀牢山巅峰，
任凭岁月的犁铧，

在我脑门犁划出沧桑，

如同一埂埂的碍嘉梯田，

愿长大了双柏永不再老！

王汝宏，70后，双柏县人，作品散见《诗刊》《云南日报》等报刊，现在云南省第二强制隔离戒毒所工作。

梯田是纤弱娇羞的少女

黎付荣

碍嘉梯田，纤弱娇羞的少女
披金色的睡衣
躺在哀牢山腹部
成为一方赏心悦目的风景

勤劳的山民，护理婴儿般
护理着梯田和希望
收获的却是额头的沟堑
和满脸沧桑

黎付荣，彝族，"80后"，双柏县人，文学爱好者，作品见《边疆文学》等，现在双柏县志办工作。

查姆颂

姚兴科

暮色苍茫的时刻

我倚着许多梦幻和遐想

去看西方微亮的天幕

一种雄浑而凄凉的感觉

顷刻便裹住我的心

许多凄凄绵绵忧伤的辞赋

或许便是从这时

在这夕照的余光中

《查姆》泻到这神奇美丽的双柏土地

走到这茫茫的世界上来的

双柏的山水

有一种浓重而苍凉的壮丽

我不禁想到曲曲弯弯的历史

远古的那一代

在那阴阴郁郁的原始森林中

人类的始祖

面对奄奄黄昏

扛着晚照的微光

举起石制的纯刀重斧向黑暗劈去

开始了刀耕火种

先祖对着凄惨悲凉的黄昏

怒号狂叫，千呼万唤

流着泪，流着血

流成壮丽史诗《查姆》

一群群向前

祭奠那逝去的光阴

用人山血海诅咒这已近的黄昏黑暗

轰击那将至的慢慢长夜

在苍茫的暮霭中

就有了山峦的悲壮和凄惨

深沉和浓重

时隐时现的星光依旧那般壮丽

先祖走过的森林

依旧散发着亘古的芬芳

晚霞消尽的西方，微亮的天

如水般清澈碧澈的光景

就是不逾的彝人精神

我的眼前

闪现着一种万古不变

和永远不可触及的壮美

姚兴科，彝族，"60 后"，双柏县人。作品见《延河》《劳动时报》《常熟日报》等。

242

查姆湖

尹世全

查姆湖很小
像一滴露珠
挂在哀牢山的树叶上
每次远行
我总是很担心
生怕风吹草动
它会掉下来

查姆湖水清
像一面镜子
映照着小城的每一个角落
每次出门
我总要梳妆打扮
生怕身上有污点
它会取笑我

查姆湖很静
像一个熟睡的婴儿
躺在小城的怀里
每次散步
我总是轻手轻脚
生怕弄出声响

会把它吵醒

查姆湖俊美
像一块翡翠
镶嵌在山坳里
每天夜里
我总是把它搂在怀里
生怕睡觉醒来
它就会溜走

尹世全，"60后"，双柏县人，文学爱好者，现在双柏县公安局工作。

碍嘉梯田：家乡的颜值

董树平

皱纹里深掘，匍匐前行
继续攀爬梯子
在靠近天堂的入口处
有乌云搀扶

泥土睁大眼睛，码着文字
藏在草帽下的丘壑
一遍遍练习着太极

在一块盛产阿乖佬的稻田里
蛙声茅塞顿开

董树平，1973 年生，双柏县人，作品见《散文选刊》《散文百家》《短篇小说》《诗林》等。

哀牢山的寂静

尤国兴

群鸟飞过黄昏的天空

山野里的日子便沉静下来

一些树叶在晚风里摇曳

声音从山那边过来，一晃就消失了

礼舍江水依山而去

泛着流动的夕阳

不久，就有一场盛大的寂静

回荡在更远更深的山谷

所有的晚风都涌向那里

去赶赴一个即将入夜的聚会

这满满的寂静让我着迷

这满满的寂静，是大山深处的海潮

涌动着暗绿色涡流与梦的幻境

飞鸟之翼是欢腾起伏的帆影

此刻站在家乡后山之巅

感到自己是绿海之上的岛屿

岛屿上那盏即将点亮的灯

也同时感到，这满满的寂静

是哀牢山的寂静

尤国兴，彝族，"80后"，双柏县人，文学爱好者，作品见《边疆文学》等，现在双柏县广播电视台工作。

夜色查姆湖

戴　艳

最后一丝晚霞在眉间烧尽
月牙桥偷偷露出绯红的笑脸
夜幕下的查姆湖
或明，或暗

如醉如痴的碧波
抚摸着一湖狂跳的心动
款款垂柳
释放着今夜的浓情
清幽的湖水
在这里
狂野地酝酿
少女绯红的心事

戴艳，女，1978年生，双柏县人，作品见《云南日报》《楚雄日报》《金沙江文艺》等，现在双柏县文学艺术中心工作。

查姆湖

杨明东

旖旎的湖畔

独坐岸边的凉亭

找寻时光的踪影

习习微风

击破潋滟水波

溅起浪花碎沫

黄昏，余晖折射

湖里挤满天上坠落的星星

闪闪眨巴着眼睛

水草随波摇曳

芦苇在风中舞蹈

小鸟轻轻飘飘掠过湖面

不远处的山坡

青松浓荫

岸边，空气清鲜

幽香霭霭

往昔

茫茫无底深渊

不知归处

今朝

诗人在情人桥的两端

写下两个不同的情字

雕刻于青石

竖立在游道旁

或许，多年以后

在月光如水的夜里

某对情侣牵手查姆湖

不知

谁来和我见证这亮丽的风景

杨明东，"80后"，双柏县人，文学爱好者，现在双柏县招商局工作。

四季之景

李成虹

雁飞于天
俯瞰大地
欣赏山川与河流
梯田所呈现出的四季景色
也是美不胜收的

春来

碍嘉梯田开始蓄水
水满田畴时，如串串银链山间挂
农家啊妈的时光缝隙中也填满了水
和煦的阳光照在"仙女"身上
万物开始复苏了

夏至

在盈盈水间，佳禾吐翠
似排排绿浪从天而泻
夜里发出不间断的流水声
似"仙女"的低声絮语
和着蝉鸣蛙叫汩汩地流进了我的心田
徐来的轻风

撷来一片涌动的浪花

漾起生命的泉源

金黄的秋天

"仙女"不知从哪携来一条金色的龙

卧睡哀牢山中

间或，秋风扬起农妇青丝上的风情

漫山遍野的丰收喜悦

波澜壮美的轮廓

天与地形成一幅优美的画卷

冬季

气温走低

天气寒冷。站在田埂上看到

有水的稻田里已结上了薄冰

田埂披霜覆雪

静静地

"仙女"在哀牢群山中

开始做一个银装素裹的梦

我要悄悄地告诉你

在哀牢古国双柏县碍嘉镇境内

一个坠入凡尘的仙女——碍嘉梯田

此刻，正在横亘的哀牢山间翩翩起舞

李成虹，女，"90 后"，双柏县人，文学爱好者，作品见《诗潮》《楚雄日报》《金沙江文艺》等，现在双柏县碍嘉镇政府工作。

印　象

谢东云

白竹山傍晚

太阳新得像非转基因红番茄

喂了蓝色群山三五口

红布歪扭着敬拜古树

山风摘出点点棠梨花

与荒地谈情的蝴蝶对笑

一点泡进鱼竿边的茶树林

一点炫给粉嘟嘟的马缨花

一点砸在牛口刺的心窝里

山巅下的农家

乐成一杯白竹绿茶

和炊烟一起消遣

谢东云，1985 年生，双柏县人，业余文学、书法爱好者，现在双柏县委编办工作。

独田的风

胡玉双

这里都是刮西风
风起的时候
不要站在山梁上
独田的风
会把你吹瘦

然后夜晚这一头困兽
就从冰凉的尘世
窜到你的身体里

胡玉双，女，1982 年生，双柏县人，作品见《边疆文学》《楚雄日报》《金沙江文艺》等，出版散文集《阳光的翅膀》，现在双柏县独田乡政府工作。

马道山

李　鑫

时光就要生锈了
我在晨钟暮鼓里寻觅马蹄声声
你再不来，我就要孤独而死

我在这山梁上，翘首等待
等待你打马而来
远远地，就给我一个口哨吧
我定会回你一个惊喜的回声

知道你要来
我把酒碗擦了又擦
把歇马石擦了又擦

你到了，就大喊一声
——咦
声音要拖久一点
让我来，扶你下马

马道山上
每一个独田人都是最大的王
不喝你莫走
要喝就喝开心

尽兴了再上路

这云海茫茫呀
我看不到你的来路
只能等你的归途

来，兄弟
喝了这碗酒
我携十里松涛送你远行

李鑫，彝族，1982 年生，双柏县人，作品见《滇池》《楚雄日报》《金沙江文艺》等，出版诗集《泥味诗香》，现在双柏县妥甸镇政府工作。

白竹山溪

李维龙

每当风吹雨起

你就随着群山的律动和音符成长

从熟睡的婴儿成长为热血澎湃的青年

踌躇满志豪情万丈骑上脱缰的野马拼杀

你用奔流不息，释放你被束缚的放荡不羁

把六月的痕迹，刻在大山的磐石上土壤里

你学着大江大河义无反顾地跃下断崖

向世界宣告：曾经轰轰烈烈地来过

每当夕阳西下

你又会被余晖拉得温顺、宁静

承受过暴风雨的碾轧之后，贲张的血脉流回心脏

你仿佛又重新回到了童真年代

收敛起暴戾的脾气和搏击青石的豪情

英雄归来不问成败，脱下战甲

让落叶轻轻把溪畔的伤口包扎好

你想甜甜美美地睡一觉了

睡梦里，载着青岗栎叶折成的小船向远方

你就是在这样的风雨和落日下流淌了千百年

你的身形，被白竹山的沟壑拉得无限延长，延长

直到汇入绿汁江

有时你是婀娜多姿的舞女

有时你瘦骨嶙峋轻轻低唱

有时你又壮志未酬愤然离去

途经各大水库，万丈梯田

乡民引你的血液浇灌稻苗，蓄池养鱼

挖你的骨架去建房落基

喝着你的汁液出山劳作

每年二月二，他们杀鸡宰羊祭祀你，跪拜你

祈求风调雨顺，希望你清源不断

其实你最需要受到尊敬的，是麦浪深处

曲折离奇最难以忍受的静默和伤口

李维龙，1996年生，双柏县人，文学爱好者，现就读于中国政法大学。

感恩家乡

苏贤周

10月，沾上丰收季节的喜气
在县城妥甸，我不再是个过客
路遇同事，一句恭喜老弟"农转城"
一路乐呵中不觉放慢了脚步
其实，于我而言
不管是马龙河边能把鸡蛋焐熟的沙滩
还是查姆湖边广场舞大妈活力散开的涟漪
一样让我温暖、感恩

家乡大庄青蚕豆是出了名的好
我曾问过母亲缘由
读书不多的她告诉我
水稻割后不犁地，豆子点在谷茬里
不缺水不缺肥，所以又早又好
若干年后，我从诗书里知道
人生旅途中的每一道风景
都不容错过
不忘初心，方得始终
我的家乡大庄
生我养我的那个叫寇家村的小山村
留下了我永远的"谷茬"
让我这颗"青蚕豆"

汲取了更多的养分
无论点到什么地方
都能不断拔节，长高

苏贤周，1988 年生，双柏县人，文字见《边疆文学》《楚雄日报》等，现在双柏县招商局工作。

故乡的绿汁江

张　楠

从遥远的大山里出发
流经我的故乡
一个叫鸡冠山的小山村
绿汁江慢慢地舒展着
妖娆的身躯
时而温顺地抚摸路边的小脚丫
时而高傲地耍耍性子穷尽武装
风华正茂到垂暮年华

她映记着
嶙峋的山
青葱的树
碧蓝的天
雪白的云
见证着
高架的桥
耸立的房
……
日夜兼程地向前
书写一个传奇的故事
驻足　屏息　凝气
像一个多动症的娃娃

竟多了一份宁静
风吹过
捋捋耳边的发丝
哗啦哗啦
伴随几代人的童年

张楠，女，彝族，1999 年生，双柏县人，文字见《楚雄日报》等，现在楚雄师院文学院读书。

附录：双柏查姆杯"养生福地 生态双柏" 全国诗歌大赛获奖作品

现代诗获奖作品

一等奖

秘境双柏身藏无数山歌和火种/王爱民（辽宁）

二等奖

虎魄帖/果玉忠（昆明）

故乡双柏（组诗）/苏文（双柏）

每一朵花都春色无涯/苏友仁（双柏）

双柏记：碍嘉古镇/厉运波（山东）

三等奖

"查"字的繁体/钟志红（四川）

观老虎笙舞/祝江波（长沙）

大地的琴键出落，蹲进指尖（组诗）/王小荣（江西）

查姆湖/梁尔源（湖南）

白竹茶园/戴欣予（华东师范大学学生）

查姆湖畔的月亮/张秀华（双柏）

绿汁江：木棉花与凤凰花的大红颂词/邱保青（河南）

碍嘉古镇三日/金彪（江苏）

优秀奖

秘境双柏：养生福地的生态传奇/赵长在（河北）

家乡双柏/苏贤月（楚雄一中学生）

双柏记/李元业（青海）

吟唱者/叶莹（双柏）

双柏的白竹山，梦缠绕成枝蔓/苏美晴（黑龙江）

梦幻查姆湖/刘艾居（湖南）

我在双柏等您/郭秀玲（双柏）

净心之水：心中的湖/罗开映（双柏）

印象双柏（组诗）/王超（南京）

故乡的查姆湖/谷志坚（双柏）

毕摩/汤琦（双柏）

老虎书/超玉李（双柏）

白竹梦记/言莫非（贵州大学学生）

绿手帕/杨光海（双柏）

会跳舞的老虎/钟新强（江西）

白竹山云雾茶/张太成（安徽）

碍嘉古镇/黎大杰（四川）

等你，在查姆湖畔/苏燕（双柏）

哀牢山东边的月亮/向迅（江苏）

查姆歌/林建红（浙江）

雨中游查姆湖/李昀璐（山东师范大学学生）

碍嘉古镇/潘新日（河南）

旧体诗获奖作品

二等奖

双柏赋/王庆绪（安徽）

三等奖

贺新郎·白竹山顶听笙学舞/高银交（北京）

浪淘沙·漫步查姆湖岸/李恒生（楚雄）

优秀奖

白竹山访友/高怀柱（山东）

临江仙·彝乡双柏/邱道美（广东）

虎乡赋/胡云辉（双柏）

双柏彝族火把节/孙金山（山东）

彝乡赏白竹山千亩茶园品云雾茶/汤俊峰（江苏）

游白竹山/吕婷（重庆）

哀牢山赋/张翠珍（安徽）

游查姆湖公园/戴荣春（双柏）

图书在版编目（ＣＩＰ）数据

双柏县的美学 / 雷平阳主编.-- 武汉：长江文艺
出版社，2018.6
　　ISBN 978-7-5702-0179-2

Ⅰ．①双… Ⅱ．①雷… Ⅲ．①诗集－中国—当代②散
文集－中国—当代 Ⅳ．①I217.1

中国版本图书馆 CIP 数据核字(2018)第 010275 号

责任编辑：沉　河　　　　　　　责任校对：陈　琪
封面设计：江逸思　　　　　　　责任印制：邱　莉　　王光兴

出版：　　长江出版传媒　　长江文艺出版社
地址：武汉市雄楚大街 268 号　　　邮编：430070
发行：长江文艺出版社
电话：027—87679360
http://www.cjlap.com
印刷：武汉市福成启铭彩色包装印刷有限公司

开本：720 毫米×1020 毫米　　1/16　　印张：17　插页：2 页
版次：2018 年 6 月第 1 版　　　　2018 年 6 月第 1 次印刷
行数：5811 行

定价：42.00 元